湛庐 CHEERS

与最聪明的人共同进化

HERE COMES EVERYBODY

THE LEADERSHIP CODE

领导力密码

戴维·尤里奇 (Dave Ulrich)
[美] 诺姆·斯莫尔伍德 (Norm Smallwood) 著
凯特·斯威特曼 (Kate Sweetman)
陶娟 译

浙江教育出版社·杭州

打造独属于你的领导力密码

张丽俊
创业酵母创始人
知名组织创新专家

我与《领导力密码》一书有很深的渊源。15 年前我就读过尤里奇签名的原版书，当时这本书就给我很多启发，后来我又细品了很多遍。所以，我对书中讲到的领导力准则和指导原则都有很深入的理解。这本书也为我后来的组织工作点亮了一盏灯。

我是一个从业务管理者成长为组织创新专家的跨界管理者。我曾任职于阿里巴巴 B2B（企业对企业电子商务模式）事业部、集团人力资源部门多年，不同领域的经历让我拥有了不一样的工作视角，比如如何从业务的角度看人力资源，如何从人力资源的视角看业务。2014 年我创办了创业酵母，累计服务了超过5000家各行业领军企业，曾担任中国飞鹤、双胞胎集团、益丰大药房、人保金服及美克美家等大型产业集团的战略及组织发展顾问。在跟企业交流的过程中，我更清晰地看到，企业首席执行官和高管们已经充分认识到领导力的重要性，他们对掌握和提升领导力有着迫切的需求，我也看到了他们是如何通过掌握领导力密码，从而获得组织效率提升的。

领导力是有规律可循的

说起领导力，我想先问你几个问题：

- 领导力是管理者的专属能力吗？
- 职位越高的人，领导力就越强吗？
- 卓越领导者的领导力是天生的吗？
- 普通人可以通过训练，成为卓越领导者吗？

在给企业做咨询时，我看到有一些出色的管理者，他们有很强的业务能力，也有很多管理工具和方法，但团队流失率很高，员工就是不愿意跟随他们；也有很多人管理公司很成功，但家庭关系总是处理不好——这都是因为领导力缺失。在我接触过的管理者中，我发现真正有领导力的人可能不到 10%。可见，领导力未必是管理者的专属能力，但管理者必须具备这种能力。

在研究业务管理、企业经营、组织系统建设时，我们发现能保障业务发展的，是组织能力，而能让组织能力落地的，是个人领导力。中国所有大企业的领导者，不论是华为的任正非，还是海尔的张瑞敏，都具有超强的个人领导力。领导者的级别越高，对领导力的要求也就越高。同样，领导者的领导力越强，能够带领的团队规模就越大。

尤里奇也在书里讲到，有强大领导力的企业能带来更高的绩效，主要体现在三个方面。

1. 可以培养一批有能力且对企业忠诚的员工。他们的执行力很强，可以让企业战略很好地落地。

2. 可以拥有一批与企业保持密切关系的超级用户。具有强大领导力的企业可以将品牌更早地植入用户心智中去，打造出企业的超级用户，为企业带来更高的营业收入增长。

3. 可以让投资人对企业的无形价值更有信心。

由此可见，领导力与我们每个人都息息相关。那么，领导力到底是一种天赋，还是一种有规律可循、可后天习得的能力呢？

关于这个问题，我们可以在《领导力密码》中找到答案，这本书可以说是独一无二的领导力指南。第一作者戴维·尤里奇是美国密歇根大学商学院教授、人力资源管理领域大师、全球知名人力资源管理咨询专家，被称为“现代人力资源管理之父”。这么多年来，他致力于研究组织如何通过人的因素，建立快速发展、学习、协作、承担责任和领导力等方面的能力。他通过大量的案例研究，发现了卓越领导者的共性规律，深刻剖析了领导力的本质，形成了一套领导力准则，这些发现都写在了《领导力密码》一书里。

领导力可以通过训练养成吗？答案是肯定的。本书通过大量深度研究总结出：领导力一共包含两部分，一是领导力密码，二是区分因素。领导力密码是指伟大、卓越的领导者身上的共性，占比 60% ～ 70%，包含了卓越领导者的核心要素。区分因素是指领导者的潜力，我们每个人都会随着企业的战略、愿景以及个人工作岗位的变化而不断生长出新的领导能力。举例来说，假如你加入一家企业的时候是一名员工，然后升职成管理者、高级管理者，最后你自己出来创业做老板。那么，在这个过程中，你的领导力是会随着职位的变化而不断发展的，因为当处于不同的领导岗位时，你的目标、管理场景是不同的。当企业愿景发生变化的时候，领导力也要不断地变化。卓越领导者们身上 60% ～ 70% 的共性部分是可以训练形成的，而剩余的 30% ～ 40% 才是天赋决定的。也就是说，如果你能逐步修炼这 60% ～ 70% 的领导力密码，最后你也可以成为卓越领导者。

毫不夸张地说，当你掌握了领导力密码时，就能更轻松地激励他人，更有机会打造一支能打胜仗的团队。

最高级的领导力叫视人为人

在了解领导力密码之前，我们先定义一下，什么是领导力。我认为，领导力是一种引领方向的能力，可以像明灯一样指引他人。领导力存在于你工作、生活的点点滴滴中。在拥有很强的领导力时，你不仅能照亮他人，还能通过照亮他人而成就自己。

为什么这么说呢？你想，如果家庭中没有领导力，大家没有共同的目标、方向和愿景，家庭也不可能幸福，对吗？最典型的家庭领导力场景就是教育孩子，怎么能不吼不叫教育出好孩子，怎么引导你的孩子成为一个优秀的对社会有价值的人呢？这就要求家长有非常强的领导力。在公司也是一样，如果没有让人激动的领导者在前面指引方向，公司怎么会有凝聚力呢？没有凝聚力，没有能打胜仗的团队，那么再好的战略都是空想。这就是为什么我们常说公司的成功，三分靠战略，七分靠执行。如果组织中没有领导力，别人就不愿意真心实意地跟着你干。由此可见，领导力不仅可以帮你构建和谐的家庭关系，还可以帮你构建团队凝聚力，打造一支能打胜仗的团队。

卓越领导力的基石是以身作则、视人为人。我们经常说："己所不欲，勿施于人。"我在做领导者时，要求团队做的每件事情都是我自己能做到的。但是，我自己能做到的事情，未必要求团队做到。因为，管理职责和管理层级不一样，大家身上的责任和担子也是不一样的。最高级的领导力叫视人为人，就是对每一个人都一样，不论是你的下属、孩子，还是老板、客户，不论是你的甲方还是乙方，都一样。你应该尊重他们，体恤大家的痛苦，这是非常重要的。

举个例子，我去做咨询的时候，每家客户从上到下的员工跟我的关系都非常好。当时我的咨询团队不太能够理解为什么，后来他们才逐渐领悟到，这就是领导力。比如，我跟客户公司董事长的沟通方式是有什么就说什么，我会站在公司的高度去跟董事长沟通，哪怕是有些很冷血、难听的话我都会很直白地跟董事长说。当我跟董事长观点不一致的时候，我一定会据理力争。所以，大家经常会看到我跟客户老板吵架。但实际上，客户特别信任我，因为他们知道我是一个非常有原则的人，不会因为要赚甲方的钱就放弃原则，讨好他们。但是，我对客户公司的人力资源部员工、项目负责人和对接人非常好。我会体谅他们在工作推进中要经受的痛苦，经常教他们一些做事的原则。有时候我们开会，我还会帮他们点外卖、请他们吃饭，对他们特别温暖。这就是领导力的基石，要以身作则，要视人为人，理解不同人群的痛苦和需求。只有明白了这个道理，接下来我跟你分享的领导力密码，才有被实践的可能。

领导力密码，在于“一横一纵一个中心”

尤里奇认为每位领导者都会扮演四种角色，这四种角色分别是战略家、执行者、人才管理者和人力资本开发者（如图 0-1 所示）。简单来说，作为管理者，你要一手抓业务、一手抓人力。但是我发现，很多领导者其实只扮演了其中一到两种角色，如果你想掌握领导力密码，就必须同时掌握这四种角色，并且可以在不同场景中切换。你要关注公司的长期目标、短期目标，确保战略落地执行；同时，你要做好人才梯队的构建与激励，确保长期、短期的目标都实现，确保有人才帮你拿结果。

怎么去理解领导力密码呢？我将其概括为“一横一纵一个中心”。

什么叫一个中心呢？就是自我管理。如果领导者没有自我修养，不能以身作则，那么领导力就等于零。所以领导力的中心就是自我管理。做管理者，最难、最重要的永远是管理自己。

一横是什么呢？是注意力，就是作为管理者，你的关注点在哪里。作为公司老板或管理者，你应该关注个人多一点，还是关注公司层面、组织层面、团队层面多一点？有的时候你要更多地关注公司和团队，比如当团队激情高昂、士气旺盛、想打胜仗时，或者在公司处于危机时。那么，什么时候去关注个人呢？比如说，某个员工出很大的问题了，这个时候你的一部分精力要挪到个人。如何将注意力的投放在个人和公司中做好平衡？这是一个非常重要的问题。

一纵是什么呢？是我们每个人的时间。人生就是一场直播，没有回看。时间是每个人唯一不可复制的东西。那么，你会花时间去关注长期目标还是关注短期目标？你的目标在哪儿，成果就在哪儿。我们常说的，十年愿景、三年战略，都是属于长期目标。年度目标、季度目标、月度目标都属于短期目标。

“一横一纵一个中心”就构成了领导力密码。每个人的领导力密码都是不断变化的，要随着管理层次的变化而改变。

那么，如何理解领导者要扮演的战略家、执行者、人才管理者和人力资本开发者这四种角色呢？

战略家关注的是公司发展方向和长期价值。战略家经常要思考的问题是，公司的使命和愿景是什么？我们想成为一群什么样的人，想打造一家什么样的公司？我的产品要怎么做差异化竞争，跟同行比公司的竞争优势到底是什么？也就是说，战略家的准则是创造定义和规划未来。所以他关注的是长期价值，是公司的长远使命、愿景和战略方向。

执行者最重要的职责就是拿结果。战略家要关心公司明天和后天的事情，但很有可能我们会死在今天。所以，当你思考完长远的事情后，不要忘记关心战略如何落地。公司的三年战略要拆分为每一年的目标，每一年的目标要拆分为四个季度的目标，每个季度的目标又要进一步拆分为每个月的目标。这就是我们说的战略落地，执行者角色的核心就是把确定的目标转化成结果。

人才管理者的角色责任是要激励人心，围绕公司的短期目标，激发员工的潜力。你要先通过招聘找到合适的人才，然后再通过培训赋予他们做事的能力和知识结构。同时，你也需要对员工进行激励，以完成公司的目标。所以，人才管理者主要围绕公司的短期目标去开发和管理人力资源。如何做好人才管理者呢？这里有三个问题，人才管理者要想清楚。

1. 我们怎么帮助员工找到工作的意义呢？如果我们这个季度需要员工冲刺完成任务，那员工为什么要冲刺呢？
2. 如何提高员工的敬业度呢？
3. 领导者通常都非常擅长做绩效管理，会给员工制定绩效指标，但如何让员工做超越绩效指标的事情呢？这一点非常重要。成功的绩效管理是能够激励员工去做超越绩效指标的事。

虽然我们招聘、培养、激励员工的目标是完成公司的短期目标，但你一定要同时关注公司人才的长期发展，也就是公司的人才战略。人力资本开发者关注的就是人力资源长期的发展战略。管理的本质是通过人、通过团队去拿结果。所以，当你把业务梳理清楚之后，就要去关注人，如果没有人愿意或者有能力帮你将战略落地，那么，你的目标和战略便只是空想。

曾有一家企业的董事长问我："我的公司这么大，有价值几千亿元的资产，但我想退休了，你能不能帮我做一下人才战略，让我明年就退休？"我说："不可能。因为你没有接班人，从公司规模来看，要培养一个合格的接班人，没有五年是不可能的。所以，第一，做好心理准备，你最快也要五年后才能退休。第二，你要跟我一起花大量的时间培养接班人，才有可能在五年后顺利退休。"通过这个案例，我希望提醒你，作为领导者，你既要关注人才管理，又要关注人才梯队的长期发展，也就是做人力资本开发者。

这四种角色的定位是完全不同的。好的领导者一定会一手抓业务，一手抓人力，因为你所有的长短期的目标都是通过人去实现的。

如果你是企业老板、首席执行官或首席人才官，我建议你组织团队一同学习——这本书可以帮你把战略精准落地执行，建立更好的人才通道以期达成目标。

如果你是中层管理者，例如人力资源部总监或者部门负责人等，这本书可以带你掌握领导力密码，在工作中成为更优秀的领导者，更好地激励下属，打造一支能打胜仗的团队。

如果你是一个靠自己产出的职场人，这本书会给你一个框架，囊括所有卓越领导者都具备的知识、技巧。你可以通过读这本书，让自己成为团队中最有影响力的人。

接下来，便开启你的阅读吧！这本经典的领导力著作可以引领你探索领导力的隐秘规律，打造独属于你的领导力密码。

中国的领导力密码

作为金砖国家（巴西、俄罗斯、印度、中国、南非）之一的中国，已经成为世界第二大经济体。在复杂的全球经济环境中，中国长期保持稳定发展态势。中国的企业在很多领域已经成为行业领袖。

这些行业包括化工（中石化、中石油）、能源（华能国际、长江电力）、通信（中国电信、中国联通）、电子消费品（小米公司、美的集团）、金融服务（中国银行、中国建设银行）等。

中国经济中的三大类企业在快速成长：国有企业持续在中国经济中占据主导地位；民营企业发展迅速；跨国公司也认识到了中国在其全球扩张战略中的核心地位。

中国企业在制造水平、技术、供应链管理等核心能力方面都有了长足进步，在研发、市场、营销、服务等方面也开始崭露头角。虽然这些已有和新兴的核心能力使中国企业取得了很多成就，但是对企业而言还有一种非常必要的能力尚待开发，那就是领导力。有着强大领导力的企业能给各方利益相关者带来价值，包括有能力且对公司忠诚的员工、与拥有卓越领导力的公司保持密切关系的消费者、对公司未来财务和战略成功有信心的投资者，以及将声誉视为长期价值的社区群体。在领导力上更胜一筹的组织会取得更好的成绩。

当我们开始研究如何成为一名卓越领导者时，我们发现，领导力研究领域充斥着各种各样的模型、概念、框架、工具和方法。在谷歌上搜索“领导”这个词，会有超过 300 万个链接；在亚马逊网站上，你会发现有超过 50 万种与领导力相关的书。领导力内涵的概念数不胜数，而各种各样关于如何提升领导力的研究，已经给很多人造成了困惑。

如果问一群聚集在一起的领导者或者潜在领导者：“怎样才能成为更卓越的领导者？”那么，你可能会得到很多不同的答案。

> 领导者是真诚的，他们有敏锐的判断力、有高情商、有“高效能人士的7个习惯”，还有“领导力21法则”，他们就像林肯、摩西、杰克·韦尔奇、特雷莎修女等。

当中国企业着手建立卓越领导力的时候，首先要确定一个清晰的领导力概念，避免产生更多的困惑，这一点非常重要。

在过去的10年里，我们对“什么是卓越领导者”这一问题进行了深入研究，在书中，我们分享了多年来的研究成果。在写这本书的时候，我们采用了一种比较独特的方法。因为对领导者进行大规模调查的传统方法已经不适用了，这些被调查者只了解他们各自的情况，而缺少对于领导力的宏观理解。所以，为了回答我们提出的问题，我们采取了一种**关键消息人**的研究方法。

> 这种方法使得我们能够快速并有效地找到卓越领导者的一些共性，这些共性超越了行业、地域和年代的差异，是普遍意义上的共同点。这种小型的统计研究方法是针对很多实例研究结果的综合性研究。我们的研究对象同意进行一种定性的统计研究，以此分析领导者有多少共通的技能。这种“关键消息人”的定性研究法适用于我们提出的问题，而这些问题在之前的领导力研究中从未有人提及。

那么，谁是领导力方面的专家呢？对工作投入的并且知识渊博的专业人士就是这方面的专家！他们研究过不同组织、不同行业和不同国家的领导者，并且提出了大量领导力研究方面的理论。这些专业的关键消息人对领导力360度评估进行了大量的研究和实践：评估领导者、指导领导力培训项目、在领导力项目中提供咨询服务。他们将自己丰富的经验融入其著作和文章中，提出了各种关于卓越领导力的观点。因此，尽管我们的研究样本——15 位领导者，看起来数目并不大，但是这个样本已经代表了领导者群体中很大一部分成员，而这些成员均符合我们的关键消息人标准。

所以，我们的研究反映的不仅是这 15 位被调查者的想法，实际上，它代表了成千上万名领导者的所思所想，只是这些数量庞大的领导者的思想已经经过了领导力专家的筛选。当看到这 15 位被调查者的意见十分接近时，我们感到非常高兴；而当我们从新的调查对象那里再次得到一致的意见时，我们觉得所做的调查已经足够了。本书的完成证明了我们的方法行得通，并且能够抓住复杂的领导力问题的核心。下面，我们简要介绍一下同样适用于中国国情的 5 大领导力密码。

领导力密码 1：勾勒愿景。这一准则体现在领导者的战略层面。战略家回答的是“我们要去哪里”的问题，并且确保身边的人也理解前进方向。战略家会展望未来，并且能够对组织进行准确定位，让这个未来变成现实。**战略**

家的准则就是创造、定义并规划未来。

中国的战略家必须意识到哪些商业条件会影响企业，所以要考虑如下问题：

- 我们应该如何发展业务、走出国门，成为地区性甚至国际性的企业？
- 我们如何持续地培养优秀的产品和服务创新能力？
- 我们如何预估未来消费者的需求，并且比竞争对手更快地做出回应？
- 我们如何在发展过程中处理好与政府和行业之间的关系？
- 我们如何将公司的战略与员工的利益更好地结合起来？

各个层面的管理者可以通过研究这些战略性问题，开拓新市场，提供新产品和新服务，并占领新的战略空间。

领导力密码 2：主动变革。将“所知”变为“所为”。

领导者的执行层面所关注的问题是“如何确保我们能到达目的地”。执行者将战略转化为行动。执行者知道如何促使变革发生，如何确保责任到人，哪些关键决策需要亲自决定，而哪些权力可以下放，以确保良好的团队协作。对于不同的利益相关者，他们都能信守承诺。**执行者的准则包含做事的原则，以及用正确的方式做正确的事情所需要的专业技能。**

中国市场上的执行者必须建立具备灵活性、纪律性和快速反应能力的组织，同时必须应对以下问题：

- 如何使企业能够应对风云变幻的商业环境？
- 在注重协作的亚洲文化背景下，如何确保明确的问责到位？
- 如何界定、衡量并追踪公司的业绩？
- 如何在流程重组和流程改善中确保原则？

中国企业的领导者只有注重执行层面，才能将宏伟计划付诸可以衡量的行动。

领导力密码 3：激励人心。善于优化人才队伍的领导者会关注这个问题："商业旅途漫漫，谁伴我们同行？"人才管理者知道如何发现、培养并激励人才，以便获得成效；知道需要具备哪些技巧，才能将人才吸引到组织中，确保他们为组织贡献出最大的努力；人才管理者能够激发出强大的个人、职业和组织忠诚度。**人才管理者的准则围绕的是如何帮助员工为了组织利益而开发自己。**

在亚洲文化背景下，中国的人才管理者要与员工沟通并激励他们，这其中存在着一些特殊问题：

- 如何帮助中国的员工获得必备能力，以便帮助公司达成目标？
- 如何帮助中国的人才管理者成为专业的领导者？
- 如何帮助中国的员工成为追随者，确保他们愿意并且有能力主动行动，并为领导者提供新的创意？
- 如何让员工投入工作，同时又能保持工作与生活之间的平衡？
- 如何帮助员工找到工作的意义？

中国的领导者要确保员工具备所需的工作能力（能够做工作），对工作热情投入（愿意做工作），并在工作中感受到自己的贡献（找到工作的意义）。

领导力密码 4：培养接班人。从事人力资本开发的领导者需要回答这个问题：“谁可以留下来，成为组织的下一代？”人才管理者通过有效的人才管理，来确保短期成效，而人力资本开发者则需要确保组织具备未来战略成功所需的长期能力。**人力资本开发者的准则体现了培养下一代人才的承诺。**

中国的人力资本开发者要关注下一代员工的发展，他们需要考虑以下问题：

- 对于现在的员工而言，他们有哪些职业发展机会？
- 我们如何挑选出未来适合为企业服务的员工？
- 我们如何能让中国本地员工为全球化情境做好准备？
- 我们如何建立一套能吸引并留住有能力的员工

的价值体系？

- 我们如何解决企业领导的更替问题，以确保下一代领导者为今后的挑战做好准备？

仔细考虑这些问题的中国企业领导人会更好地准备人力资源发展计划，以应对未来的挑战。

领导力密码 5：自我修炼。无论是从字面意义还是从引申意义上来说，领导力密码的核心都是个人素质。卓越领导者不能仅限于自己的所知所为，其实，做人更重要，领导者的为人与其能否通过他人获得成功有着巨大的关系。因为为人正直、值得信任，所以卓越领导者能够激发他人的忠诚和善意；因为做事果断、充满激情，所以他们能做出大胆而勇敢的举动；因为自信有能力处理可能出现的情况，所以他们能够容忍情况的不明朗。具有很高个人素质的领导者以强烈的道德准则规范自身的行为，将行动与价值观紧密结合。

中国的领导者要拥有高效的个人素质，应当从以下几个方面来完善自己：

- 生理方面：照顾好自己的身体（营养、运动、睡眠），为自己留有适当的空间和时间，为工作做好准备。
- 情感方面：注意自己的身份，分配好精力，调节好情绪，使其兼有弹性和稳定性。
- 社会方面：与工作中的同事和工作外的朋友保持紧密或轻松的联系，形成有力的支撑体系。
- 智力方面：具备快速学习的能力，能够适应新的环境。
- 精神方面：保持强烈的价值感，行为以良心和社会道德准则为依据。

如果中国领导者能够体现出个性的成熟，他们就能够将自信转化为外界的支持。

在过去的几年中，我们研究了这 5 大领导力密码，并总结得出了以下结论：

- 所有领导者都必须具备很高的个人素质。没有信任和信用作为基础，你就无法让别人追随你。虽然个体的风格有所差异——有人内向、有人外向，有人依靠直觉判断、有人行事理智，但是任何一个领导者都必须具备足够优秀的个人素质，以便激励追随者。这可能是上述5个领域中最难训练的一点，而一些人可能天生就具备这一能力。

- 在其他4个领导力密码中，所有领导者必须有一个强项。大部分成功的领导者至少擅长其中一项，在其中一个领域具备先天优势，这就是你作为领导者的显著优势所在。
- 所有领导者在自己较弱的领导领域都必须至少达到平均水平。人们可以通过培训获得战略眼光和卓越的执行力，能够管理人才并发掘将来的人才。这些行为能力和技能都是可以认定、培养和掌握的。
- 领导者在组织中的地位越高，就越需要在更多的领域变得卓越。

随着中国企业在各个行业中所处地位的提升，中国企业的领导力水平将对这一进程产生至关重要的影响。

诚邀您与我们联系，告诉我们这些概念与中国传统的领导哲学和概念是否可以融合。我们希望向您学习中国的有效实践经验。

你知道如何提升领导力吗

扫码鉴别正版图书
获取您的专属福利

- 被誉为“人力资源管理的开创者”，最早提出“人力资源”（human resource）概念的管理学家是下列哪一位？（ ）

  A. 亨利 · 明茨伯格

  B. 戴维 · 尤里奇

扫码获取全部
测试题及答案，看看
你知道如何提升
领导力吗？

- 领导者要有战略意识，也就是说要以创新为导向，在战略制定过程中充分吸收内外部意见，并制定完善的流程确保战略落地。这种说法对吗？（ ）

  A. 对

  B. 错

- 管理者为员工设立高目标，却提供不了充足的资源支持，会导致员工产生工作倦怠吗？（ ）

  A. 会

  B. 不会

扫描左侧二维码查看本书更多测试题

THE LEADERSHIP CODE

FIVE RULES TO LEAD BY

引　言　如何培养卓越的领导者

没人能够否认领导力的重要性，当我们敬佩的领导者启发、激励我们抑或是离我们而去时，我们就能清晰地感受到他们卓越的领导力。除了这种个人感觉以外，研究表明，卓越的领导力还能满足投资者、顾客以及员工的期望。尽管我们知道领导力的重要性，在我们遇到拥有卓越领导力的人时，也能感觉到它的存在，但对于“如何培养卓越领导者”这个看似简单的问题，却并不容易回答。在一项又一项关于首席执行官的研究中，如何培养下一代卓越的领导者都是摆在他们面前的一个重要问题。

本书就是要试图回答这个困难的问题。关于领导力框架、工具、流程的研究成果有很多，我们想对此进行简洁、清晰的综合，找出指导所有卓越领导者行事的核心准则。围绕着领导力这一领域的知识体系庞大复杂，难以归类，要综合起来的确是个巨大的挑战，实施起来也绝非易事，但这样做却非常重要。明确核心的领导力准则，有以下两个目的：**一是帮助领导者自己成为更好的领导者；二是帮助那些在组织中被委以重任的领导者们在人才管理方面提升组织整体的领导力。**

一个卓越领导者要从自身做起。如果想在自己的公司培养领导力，你必须以身作则——你希望员工知道、做到的事情，你自己就要知道、做到，要通过身体力行树立榜样。当你能够清晰地传达“卓越领导者”这个概念，并能够以身作则时，员工就会有清晰的预期，明白他们应该知道什么、做什么；顾客也会乐于同你打交道；投资者则会对你的公司的无形价值更有信心；而你也能够进行明智的投资，找到并培养未来的领导者。

要成为一个卓越领导者，你就要帮助他人提升领导力。**领导者的成功之处，就在于帮助他人以正确的方式去做正确的事情。**以身作则地执行领导力准则，能确保有效地领导；而帮助他人掌握领导力准则，则将确保公司在未来发展中获得成功。**了解了领导力准则，并且出色地付诸实践，我们就能领导好公司；帮助他人学习和实践这些准则，我们就能将领导力从个人能力的层面扩展到组织能力的层面。**

本书为读者提供了一套领导力准则，帮助读者思考如何成为更优秀的领导者，并且帮助读者真正成为更加优秀的领导者。领导力的内涵非常广泛，我们对此进行了多项调查研究，与一批优秀的领导者进行了深入交流，并结合我们三位作者在该领域累加在一起的“上百年”经验，筛选、分析上述全部信息。通过这种做法，我们发现并验证了领导力的 5 项核心准则，这 5 项核心准则是所有领导者必须遵守的。**正如人体的基因密码决定了每个人最基本和最核心的特质一样，领导力准则构成了所有卓越领导者的基础，因而我们称之为“领导力密码”。**

与其他密码一样，领导力密码既提供了结构，也提供了指导原则，它帮助领导者去掌握如何成为更加卓越的领导者，如何培养更加卓越的领导力。有些领导者的领导力似乎是与生俱来的，另一些领导者可以通过后天学习来获得这些领导力密码，它们是形成卓越领导力必不可少的要素。通常，人们会过分强调某一种领导要素的作用，而忽视了其他方面。领导力密码有效避开了这种常见的陷阱。

> 当我们询问我们的项目参与者“造就卓越领导者的因素是什么”时，答案通常是丰富多彩的。有些人认为，明确的愿景很重要；有些人则认为当下的执行力更为重要；有些人更注重领导者的个人魅力或性格特质；有些人则重视领导者激励人心的力量；还有些人认为，领导者着手建立长期的组织更为关键。

列出领导力特质的清单固然有益，但是这冗长的清单可能会扭曲卓越领导力的本质。就好比在圣诞节“最后一分钟”购物狂欢中，照着购物清单去抢购的食物一般都不会严格参照健康搭配建议覆盖所谓的四种基本食物分类①。四种基本食物分类就提供了一个决策框架，遵循这

① 四种基本食物分类是美国农业部在1956年推广的一种膳食搭配建议，后经过多次修订。——编者注

个框架就能确保饮食营养均衡。领导力密码紧紧地抓住了卓越领导者的全部核心要素，而不是一张简单罗列的清单，从而避免了时髦和速成的解决方案。因为那些时髦和速成的解决方案会给人错觉，让人感觉自己掌握了真正的领导力，但其实它们就像零食、小吃给人带来的满足感一样，难以持久。

对于大多数当下关于领导者的热点话题，我们并不反对，相反，我们对许多观点深表赞同，例如，领导者需要战略创新（如实施蓝海战略）；需要与顾客建立并培养长期联系；需要主动变革，执行有力；需要建立高效的团队，确保问责到位；需要有效地管理员工，通过有效的沟通激励员工、制订工作计划；需要有判断力、有情商、为人正直等。上述任何一点都值得进行深入的研究、思考和践行，其中有些话题已经得到了许多关注。在本书中，我们希望对上述观点进行综合，以期覆盖领导力的全部内涵，找出卓越领导者的全部核心要素——而不是以偏概全。

我们将领导力密码定义为一套准则，这套准则包含 5 方面的内容，它在决定游戏规则的同时，也指出了每一方面的基本要素。了解这些准则，可以帮助你调整自己的行为，并取得成功。

> 在体育运动中，准则明确了运动员的素质类型和团队的比赛计划；在写作中，准则明确了语言沟通的方式；在政治中，准则通常能决定赢家和输家；在驾驶中，准则确保了安全和流动性；在领导力中，准则明确了卓越领导者的核心要素。

如何发现领导力密码

在寻找核心领导力准则的过程中，我们知道不能仅依赖于我们几个作者的经验，还要去研究庞大的领导力知识体系，人们已经对这一体系进行了广泛而深入的研究，它是几代领导力专家和组织行为学理论家辛苦积累的宝贵财富。我们想采取一种简洁清晰的方式，对现有的领导力框架、工具、流程和研究进行综述，以便明确所有卓越领导者都要遵守的准则。此外，我们与很多得到业内广泛认可的卓越领导者进行了交流，并进行了相当多的阅读、思考、辩论和写作，这样做的目的就是归纳出一个内在框架，用它来囊括所有卓越领导者必须具备的知识、技巧和价值。

在工作过程中我们发现，领导力这门艺术随着时间的推移在不断演化，每个新的发展阶段至少部分是建立在前人研究的基础之上的。简要回顾一下现代人在理解领导力方面所做的努力，可以帮助我们更好地体会这一点。在梳理领导力的发展史时，我们发现了一个有趣的现象：在过去几十年里，记者最爱询问的6个关键问题都曾提出过，并且均得到了深入的探讨，这6个问题就是：谁，是什么，何时，何地，为什么，以及如何做。除了这6个问题之外，还有第7个问题：为谁。

- **身体特征**：谁是领导者？曾几何时，人们觉得，所有的领导者都应该身材高大、体态威严、握手有力、目光坚定。领导力理论家试图根据身高、性别、出身和说话方式等，找到一套核心的领导力特质，结果却徒劳无功。因为成功的领导者可能有着各种各样的背景、身体特征和个性特征。

- **行事风格：**领导者如何行事？是“关心人”还是“关心事”？行事风格通常指的是对人和事的权衡，领导力理论家试图通过这一风格来评价一个领导者。一般而言，领导者可能偏好某一种风格，但是优秀的领导者可能刚柔并济，他们既关心人又关心事。领导者可以通过坐标[①]来衡量自己对人或对事的倾向性。
- **情境：**领导者在什么时候、什么情况下关心人或关心事？对于这个问题，答案就是：“取决于具体情况。”领导力理论家意识到，优秀的领导力风格取决于领导者对不同情境的准确把握。
- **能力：**领导者到底懂得什么、做了什么？领导力理论家试图找到成功的领导者所具备的核心能力、知识结构、管理技巧和价值观。他们试

---

① 以管理方格法确定的领导风格类型。该方法以纵轴表示领导者对人的关心，以横轴表示领导者对事的关心，在两个坐标轴上分别划出 9 个等级，形成 81 个小方格，即 81 种领导类型。——译者注

图通过领导者的实际言行来界定领导者的能力，这不仅要考虑到具体情境，还要考虑到商业战略。世界上充斥着大量关于如何评价领导者能力的胜任力模型。

- **成效：**领导能力到底有什么重要的？近来，人们的关注点逐渐转变到一个关键的事实上：没有取得成效，能力就不重要。领导力就是通过正确的方式取得正确的成效。能够平衡员工、顾客、投资者和组织之间关系的领导者，更有可能取得成功。
- **品牌：**领导的对象是谁？领导力学习者如今意识到，领导力能够将公司的外在身份，即公司的品牌与公司的内在文化联系起来。卓越领导者能够确保员工的行为体现领导力品牌。

在过去几十年，领导力理论家积累了丰富的领导力研究经验和理论，现在是时候对这些经验和理论进行一个系统性的综述了。有关领导者和领导力的书籍多达几十万本，面对浩瀚的书海，我们只好将目光转向该领域的权威专家，因为他们已经花费了许多年的时间来梳理这些研究成果，并建立了自己的理论。这些专家长期致力于领导力研究，对卓越领导力进行经验评估，在此基础之上，他们发表了各自关于领导力的理论，总共出版了 50 多本关于领导力的书籍，高效地实施了超 200 万次的领导力 360 度评估。毫无疑问，他们是这一领域的思想领袖。

我们发现，在和专家们的讨论，以及在阅读和分析这些理论的过程中，我们总是不断地回到两组最基本的问题：

- 卓越的领导力中有多少比例的因素是基本相同的？这些因素是任何地方的任何领导者都要遵守的准则吗？是否有一套公认的领导力密码？
- 是否有一些共同的准则是所有领导者都必须掌握的？如果有，那它们又是什么？

问题看似简单，但回答起来却并不容易。领导力专家对第一组问题的回答莫衷一是，但统计数据表明，卓越领导者具备的 50% ～ 85% 的领导力特征是共通的。这个范围相当广泛，但所幸还是相对一致的。一位受访者这样告诉我们：

> 我觉得在各种各样的胜任力模型中，有85%的素质特征似乎是一样的。我们较好地掌握了卓越领导者所必须具备的一些素质能力，但是，还有一些变量是胜任力模型无法解释的。这些变量包括领导者的个人外部处境，比如家庭压力、经济状况、所面临的竞争、社会关系等；还有内在情况产生的影响，比如健康、能量、活力、恢复能力，以及领导者个人愿意付出的努力程度、工作抱负和动力状况、是否具有牺牲精神等。

这些答案促使我们构建了一个共同的框架。在进行了诸多采访之后，我们得出了一个这样的结论：如果把卓越领导力细分开来，其中60%～70%的特质都能被领导力密码覆盖。经过对调查数据、采访经历、个人研究和经验综合之后，我们将领导力密码构建为一个简单框架，该框架内容精确、逻辑缜密、非常有益。

此外，还有一个相似的问题一直在指导着我们的思考——丰田普锐斯混合动力车与福特F-150皮卡到底有何区别？

◆◆ 案例

大多数人可能认为，这两款车差异很大，甚至是截然不同的。环境友好的普锐斯混合动力车吸引的人群是那些希望减少个人碳排放量，同时又有出行需求的消费者；而庞大结实的F-150皮卡则是另一群人的理想车型，这群人认为驾车是一种体验个人自由的途径，他们注重在宽阔的道路上风驰电掣的那种乐趣。出于对两者巨大差异的认识，你也许会喜欢驾驶其中的一款，而极其不愿意驾驶另一款。

但是，这两款车真的截然不同吗？实际上，除了在一些明显的外部特征上有区别外，这两款车有着很多相同的特性。首先，它们都是个人交通工具，而不是大众的公共交通工具；其次，它们都能将你带到想要去的地方。能做到这一点，是因为它们都拥有了一套重要的核心因素：传动系统、曲轴、引擎、刹车、雨刮器、雨刷、蓄电池等。如果继续这么算下去的话，我们会发现这两款车之间的相似之处要远远多于它们之间的差异。

在与一些领导力专家的谈话过程中我们发现，这种逻辑同样适用于领导力。比如，星巴克或全食超市的卓越领导者与埃克森美孚的卓越领导者之间，是否有相似之处？自力更生的非营利组织的卓越领导者与重视繁文缛节的联合国中的领导者之间，是否有相似之处？新兴市场中的卓越领导者与成熟市场中的卓越领导者之间，是否有相似之处？瑞士制药巨头的卓越领导者与新兴社交网站的卓越领导者之间，是否有相似之处？诺基亚的一位卓越领导者与美国威瑞森通信公司①的卓越领导者之间，是否有相似之处？

让我们一起来看看下面这个故事。

◆◆ 案例

波士顿有两兄弟——比利·巴尔杰和詹姆斯·巴尔杰。他们成长于同一个家庭，兄弟俩必定有着同样的领导力基因和领导力学习环境。然

① 威瑞森通信公司（Verizon），美国最大的本地电话运营商。——译者注

而，比利后来成为马萨诸塞州大学的负责人，而詹姆斯则成为当地黑手党的头目，权力很大，但臭名昭著，绰号“白毛巴尔杰”。

在与领导力专家合作，并对有关领导力的深入研究进行回顾之后，我们得出这样一个结论：**领导力是由两个基本部分组成的，即领导力密码和差异化因素。**领导力密码代表了 60% ～ 70% 的卓越领导力因素，是领导力的基本要素、根本特征和核心因素。而差异化因素则可能随着公司战略、愿景和个人岗位要求的变化而变化。**掌握领导力密码是培养卓越领导力的基础。**

构建领导力密码

基于我们的观察和来自思想领袖的启发，我们建议从两个维度，即时间和注意力，来构建领导力密码，并以领导者的个人力量为支撑。为什么选择时间？**因为卓越领导者能够从短期和长期两个角度思考问题，采取行动。**卓越领导者能够设想未来，明确组织和员工未来取得成功的环境。这种设想的表现形式有很多种，可能是愿景、意图、宗旨、使命、战略、目标、目的或计划等，但无论是哪一种，领导者都为每个与组织相关联的人创造了一个可信的、充满希望的未来图景。这些关联方是指投入一定的财力、智力、体力和情感到组织中的人或机构，包括金融投资者、股东、顾客、员工和潜在的雇用人员。领导者也能将未来联系到当下，将雄心壮志转化为实际行动。

那注意力又是什么呢？**卓越领导者能够判断何时需要将注意力集中到组织能力的建设上，何时又需要把注意力转变到个人能力的培养上，他们能够将两者联系起来。**有时，领导者关注个人才能，让有天赋的个体贡献者留在自己身边。然而，全明星团队并不能保证一定可以打败高效团队，领导者还要将个人才智转化为成功的组织能力。

自身指的是领导者必须以身作则，希望让他人掌握的，自己就要先树立榜样，予以掌握。对他人的领导力最初也是从领导自身开始培养的，能领导好自己的人才更有可能领导好别人。领导者要对自己严格要求。自我领导的要求有很多，我们称之为“个人素质”。没有个人素质，就无法保持其他方面的平衡。对于个人能力不够强、自觉性不够高或无法集中专注力的人来说，要兼顾多个方面太难了。

领导力密码和 5 项准则，如图 0–1 所示。在图中，我们设计了时间和注意力两个维度，并将个人素质，即自我修炼放在中心，作为对两个维度的支撑，给大家一个直观的理解。

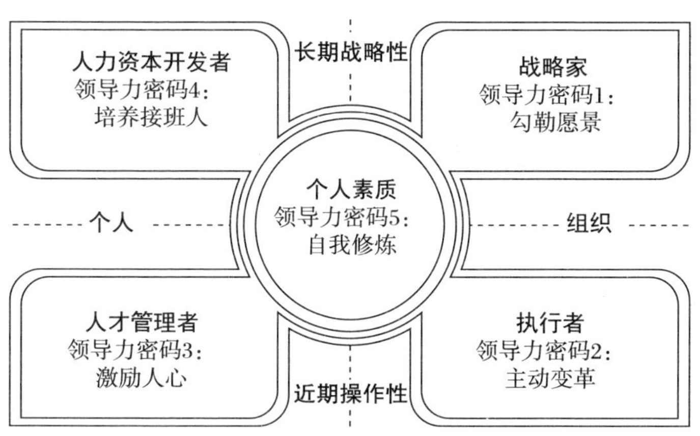

图 0–1　领导力密码和 5 项准则

领导力密码 1：勾勒愿景，体现在领导者的战略层面。战略家回答了“我们要去哪里”这个问题，并确保身边的人也理解整体的前进方向。战略家不仅展望未来，而且创造未来。他们是务实的未来主义者，能够厘清组织的前进方向，并获得成功。他们会根据现有的资源，如财力、人力、组织能力等，决定想法是否务实；他们与他人合作，讨论如何从当下达到期望的未来。战略家会展望未来，并能对组织进行准确定位，创造未来。战略家的准则就是创造和定义未来可能的工作原则，并让它们变成现实。

领导力密码 2：主动变革，将“所知”变为“所行”。这是领导者的执行层面，关注的问题是：“如何确保我们能到达目的地？”执行者将战略转化为行动。执行者知道如何促进变革、如何分配责任、如何委派任务，以及哪些是关键决策，以确保良好的团队协作。对于不同的利益相关者，他们都能信守承诺。执行者主动变革，建立改革系统，使得他人也能从事同样的事情。执行者的准则围绕的是“如何做成事”。

领导力密码 3：激励人心。负责吸纳优秀人才的领导者要能够妥善地回答这个问题："商业旅途漫漫，谁伴我们同行？"人才管理者知道如何界定、培养并激励人才，以获得成效。人才管理者知道需要具备哪些技巧，才能将人才吸引到组织中，并培养他们、激励他们，确保他们为组织贡献出最大的努力。人才管理者能够激发强大的个人、职业和组织忠诚度。人才管理者的准则围绕的是如何帮助员工为了组织利益而发展自己。

领导力密码 4：培养接班人。从事人力资本开发的领导者需要回答这个问题："谁可以留下来，成为公司的下一代？"人才管理者通过有效的人才管理，来确保短期成效，而人力资本开发者则需要确保组织具备未来战略成功所需的长期能力。正如好的家长在孩子身上投资帮助他们取得成功一样，人力资本开发者帮助未来领导者取得成功。人力资本开发者制定专注于未来人才的劳动力计划，帮助员工看到自己在公司的职业前景。人力资本开发者确保组织的生命会长于任何一个个体。人力资本开发者的准则保障了对下一代人才的培养。

我们发现，大多数人在工作中都倾向于扮演这四种角色中的一种。有些人喜欢活在抽象的、未来的战略世界中；有些人喜欢活在具体的、可付诸行动的执行空间中；有些人觉得在需要人才的社会环境中会比较自在；还有些人善于开发未来的人才。我们还发现，随着领导者在组织中的地位不断上升，他们需要逐渐摆脱个人倾向，学会成功地掌握所有这些准则，以便扮演好这四种角色。本书提供了每一种角色中的领导者能够掌握的一些具体行动，即便这种角色能力不是与生俱来的，也是可以后天习得的。

领导力密码 5：自我修炼。不管是从字面上还是从寓意上理解，领导力密码的核心都是个人素质。卓越领导者不能仅限于自己的所知所为，知道如何做人更重要。领导者的为人与其能否通过他人获得成功有着巨大关系。要区别一个人的所为与为人，我们可以看看这样一段智慧的评价。

与我擦肩而过的每个人身上都有他或她的独

特天赋。我当然希望自己钢琴弹奏得像格伦·古尔德（Glenn Gould）那样美妙，国际象棋玩得像博比·菲舍（Bobby Fischer）那样好，希望自己有波德莱尔（Baudelaire）的诗歌天赋，但是他们三位做人的特质并没有给我多少启迪。尽管他们有着极高的艺术天赋、科学和智力特质，但在利他主义、对世界的开放程度、坚定决心和享受生活之乐方面，他们的能力与我们中的任何一个人都差不多……而阅读马丁·路德·金和甘地这样伟大人物的故事给了我很多启发，他们光辉的人性品质给人们带来了纯粹的力量，这种力量足以激励他人改变生活方式。

优秀的领导者一定是善于学习的人。学习来源有很多，包括成功、失败、任务、书籍、课程、他人和生活本身。领导者热衷于自己的信念和兴趣，他们将大量的精力和注意力投入任何自己觉得重要的事情上。因为为人正直、值得信任，所以卓越领导者能够激发他人的忠诚和善意；因为做事果断、充满激情，所以他们能做出大胆和勇敢的举动；因为自信有能力处理可能出现的情况，所以他们能够容忍情况的不明朗，想一想丘吉尔、曼德拉面临危险和灾难时表现出来的沉着冷静和泰然自若。具备个人素质的领导者会坚持发展和提高自己对人对己的洞察力，使得他们可以向榜样学习，做出自己乐于见到的改变。

我们在此书出版的前几年里实践了 5 项领导力准则。在此，我们就观察结果做个小结：

- 所有的领导者必须具备个人素质。没有信任和可信度作为基础，他人就不会追随你。每个人也许都有不同的风格——内向或外向、感性或理性，但任何一个领导者都必须展现出个人素质，以激励追随者。
- 所有的领导者都必须有一个突出的长处。大多数成功的领导者都至少擅长这四种角色中的一种。并且，大多数领导者都倾向于其中的一种，这一种角色就是领导者的特长。
- 所有的领导者都至少在其他相对较弱的领导力方面保持平均水平。

- 领导者在组织中的位置越高，就越要提升在更多领导力方面的能力。

为个人和组织培养卓越的领导力

如果你想成为更优秀的领导者，在组织内部培养更卓越的领导力，你就需要学习这 5 项领导力准则。有些领导能力是与生俱来的，而有些则需要后天的学习。因为个性和外部环境的不同，比如职位、岗位级别、所在行业、公司文化等不同，每个人的领导才能看上去和感觉起来都不太一样。尽管如此，有些基本准则是每个领导者都必须掌握的。没有这些基本准则，人们就无法成为领导者，也就不能培养未来领导者——因为他们不知道自己在寻找什么。

可以思考一下，在这 5 项领导力准则中，你天生擅长哪一项？你喜欢把时间花在什么事情上？什么工作对你来说更简单？什么工作让你有干劲？明白自己的倾向，将有助于你培养自己的领导力强项。通过思考这样的问题，你可以将注意力集中到这个方面：要成为更卓越的领导者，还需要学习哪些事情？如果你已经是个优秀的战略家，那么你可能还需要注意人才管理、执行和人力资本开发准则。可以做个简短的练习，如专栏 0-1 所示，这是一个简单版的领导力密码调查，可以帮助你了解自己的倾向。你还可以寻求他人的反馈，看看他们如何看待你，以便对自己了解更多，并将自己的认识与他人的评估进行比较。

◆◆ 专栏 0-1　领导力密码自我评估

对于领导力密码的前 4 个方面，或者说是领导力密码的行动方面，请界定你在哪一方面的平均分最高，那么这一项就是你在领导力密码中的强项。

在个人素质方面，如果你任何一项的得分在 3 分以下（包括 3 分），那么你就需要思考如何提升这一方面的能力，以确保拥有持续的卓越领导力。

得分范围：1 ～ 10

战略家

我对未来有构想	1 2 3 4 5 6 7 8 9 10
我确立了以顾客为中心的战略	1 2 3 4 5 6 7 8 9 10
我会激励组织来执行战略	1 2 3 4 5 6 7 8 9 10

我在组织内部创造了战略牵引力	1 2 3 4 5 6 7 8 9 10
	（战略家　总分）____÷4 =____

执行者

我主动变革	1 2 3 4 5 6 7 8 9 10
我遵循决策流程	1 2 3 4 5 6 7 8 9 10
我确保问责到位	1 2 3 4 5 6 7 8 9 10
我建立团队	1 2 3 4 5 6 7 8 9 10
我掌握了娴熟的技术	1 2 3 4 5 6 7 8 9 10
	（执行者　总分）____÷5 =____

人才管理者

我善于沟通	1 2 3 4 5 6 7 8 9 10
我使众人协同	1 2 3 4 5 6 7 8 9 10
我提升组织能力	1 2 3 4 5 6 7 8 9 10
我提供资源以满足需求	1 2 3 4 5 6 7 8 9 10
我营造积极的工作氛围	1 2 3 4 5 6 7 8 9 10
	（人才管理者　总分）____÷5 =____

人力资本开发者

我合理规划员工队伍	1 2 3 4 5 6 7 8 9 10
我将公司品牌与雇主品牌联系起来	1 2 3 4 5 6 7 8 9 10
我帮助他人管理自己的职业生涯	1 2 3 4 5 6 7 8 9 10
我发现并培养下一代人才	1 2 3 4 5 6 7 8 9 10
我鼓励组织内部建立社交网络和人际关系	1 2 3 4 5 6 7 8 9 10

（人力资本开发者　总分）____÷5 =____

个人素质

我思维清晰	1 2 3 4 5 6 7 8 9 10
我了解自己	1 2 3 4 5 6 7 8 9 10
我能承受压力	1 2 3 4 5 6 7 8 9 10
我善于学习	1 2 3 4 5 6 7 8 9 10
我为人正直	1 2 3 4 5 6 7 8 9 10
我善待自己	1 2 3 4 5 6 7 8 9 10
我精力充沛	1 2 3 4 5 6 7 8 9 10

（个人素质　总分）____÷7 =____

我们同样在公司层面实践过领导力密码模型，并对该公司进行了追踪，看看它的组织是否具备正确的胜任力模型。通常，当我们将一家公司的 7 ～ 12 种能力纳入这 5 项准则时，领导力密码模型就会失去平衡。有家公司希望领导者具备 12 种能力，于是他们开发了 360 度领导力测评工具以及培训和薪酬系统，以鼓励对这 12 种能力的培养。但是，当我们将这 12 种能力与 5 项领导力准则对照时发现，其中的 11 种能力都属于个人素质范畴。显而易见，这家公司的领导力基本要素模型是有缺陷的。即使公司领导者的 12 种能力都很强，他们也不能把握领导力的所有基本要素。这就如同他们仅吃四种基本食物分类中的一种，却疑惑自己为什么不健康。领导者可以做一项简单的练习，就是将组织的胜任力模型与我们所提供的 5 项领导力准则相对照。如果有个领导者在这 5 个方面都很优秀，那么你想不想要这样的领导者？

本书的宗旨就是综合我们所知的领导力基本要素，探索如何成为更优秀的领导者，如何培养更优秀的领导者。培养领导者的途径有很多，教育、经验、指导、训练、分配任务，以及领导者带教领导者。然而，世上毕竟没有万灵丹，重要的是了解哪一方面的领导力需要培养，然后再着手培养。明确了领导力的基本准则，你就能审视自己的领导风格，努力培养卓越领导力，并培养未来的领导者。

更多详情请访问 www.leadershipcodebook.com。网站上有一段来自戴维·尤里奇的简短视频，这将帮助你解读专栏 0-1 的简版领导力密码自我评估结果，还将介绍我们收集的优质领导力密码工具，包括完整版的领导力密码评估——有自我评估和 360 度评估两个方面。

THE LEADERSHIP CODE

FIVE RULES TO LEAD BY

领导力密码 1

勾勒愿景，创造更有吸引力的未来

战略指的是明确前进的方向。战略的终点可能是维护一个强有力并有利可图的领域，比如哈佛大学或 IBM；也可能是以创纪录的速度向市场推出一项新产品、新服务，想一想，谷歌已经推出了多少业务和产品？还可能是完善和提升整套能力，使得竞争对手无法复制，比如全世界的迪士尼主题公园。战略的描述有很多种，如使命、愿景、目标、目的、结果和价值观等，任何一个领导者都想抢占先机，在尚无人涉足的领域获得战略地位，创造一个更有吸引力的未来。

战略家能够将愿景和分析结合起来。战略家会展望未来，以便创造机遇或抓住机遇。他们要严格缜密地分析财务、顾客、技术和组织的现状，以便有路可循地实现未来目标。要想做到既有远见，又具备分析能力，领导者就必须清楚组织当前的核心竞争力有哪些。比如在技术方面，能够制造太空时代黏合剂、最先进的引擎，可以提供世界一流的物流支持或伟大的消费者设计。还要清楚组织能力有哪些，比如公司文化和行事方式，如何跨界合作、如何管理人才、如何将新产品快速推向市场。财力资源和技术方面等情况也需要明确。卓越的战略家能够让自己的组织以他人无法企及的方式来利用这些优势，使得自己的组织与众不同。

要成为优秀的战略家，就必须避免以下常见的战略漏洞：

- **不要让战略成为一套不切实际的口号，虽展望了未来，却没有具体方式来实现这些想法。**没有立足于现实的使命和愿景，只会招来讥讽，而不是信心。我们认识的一个高级领导力团队花费了数月的时间起草使命、愿景、价值观和其他宏大的声明。他们将制作的 DVD 和自学讲习班内容发给了 50 000 名员工，期望获得人们的赞誉，然而他们得到的却是“束之高阁的战略计划”

（strategic plan on top shelf，SPOTS）。因为员工看到了光鲜的陈述，却没有看到实际行动。

- **不要认为用今天的数据预测明天就是战略。**有关财务结果和规划、当前及未来的顾客和员工趋势、技术和制作流程的几页分析，可能掩盖了现实中缺乏战略这个事实。在与一个高级团队的合作中我们发现，他们花费两天的时间来了解财务状况、审阅大量的顾客数据，到了第三天，我们提出了一个简单的问题："能否请您用最多 20 个字描述一下你们的战略？"对于这个简单的问题，他们中的每个人都有自己独特而非一致的答案，对此我们并不感到惊讶，因为他们的分析并没有让他们更加清晰地了解组织共同的方向是什么。
- **不要仅追随行业的领头羊，而是要试着超越他们，在所属行业中占据一个独特的位置。**标杆管理[①]的有益之处在于，它可以帮助你学习最

① 标杆管理（Benchmarking），又称基准管理，是指一个组织瞄准一个比其绩效更高的组织进行比较，以取得更好的绩效，不断超越自己、超越标杆、追求卓越，不断进行组织创新和流程再造。——译者注

优秀企业的实践，以使你能够做得更加出色、与众不同。

- **不要让过去的成功决定未来的战略选择，过去的成功也许并不能如你所想的那样可以预测未来。**成功可能成为障碍，过去奏效的方法现在未必有效，它可能会让你做出错误的事情。虽然把错误的事情做完也可能会让你对现在所做的事情充满信心，但是会妨碍你完成自己真正需要做的事情。那些知道如何运用电视和新闻媒体做广告宣传的政客，现在不得不去学习如何用好互联网的力量。互联网改变了游戏规则，它要求政客们做一些创新，这通常是政客们从惨痛的经历中获得的教训。
- **不要仅关注微小的改善。**虽然从表面上看这些改善避免了风险，但实际上它们并没有恰当地重新定义不断变化的客户群、产品和行业，而它们总是在不断改变。有时，战略要求你思考问题时大胆、有创新，在顾客还未意识到自己的问题时，你就要努力预测顾客提出的问题。很少有顾客通过市场调研来反映自己的需求，比如他们希望有卫星地图系统可以查找如何从家里到达其他地方。但谷歌的创新人员就预见到了这一尚未被满足的需求，适时地推出了谷歌地图和相关衍生产品，抓住了机遇，占得了先机。

- **小心这样的战略思考：对不同的利益相关者做不同的承诺。**你不能同时驾驭两匹马，而其中的一匹马又跑在另一匹马后面。试图满足所有人的所有需求，其结局通常是谁的需求也满足不了。

认识并努力避免这些漏洞还不够。要成为一个战略家，最根本的准则就是要明确自己的目标。当你掌握了以下四项战略原则时，目标自然就清晰明了了。原则能够将设想和信念转化为信心和投入，掌握这四项战略原则将有助于你明确目标。

以创新为导向，探索更多可能性

约翰·霍克（John Hoke）是耐克研发部门的负责人，

他理所当然地专注鞋和服装的最新时尚资讯。但事实上，他更试图从多个角度预测耐克未来的走向，并开发出独一无二、无人可以击败的耐克产品。他是社会人类学家，是设计师，是技术专家，也确确实实是学生。他尽可能地学习一切东西，比如下一代的心理、尖端设计的未来、不可思议的科学会带来哪些可能。

作为战略家的霍克能够将三种表面上看起来互不相干的领域联系到一起，创造出具有突破性的可能。这里有个特别有趣的例子，可以帮助我们理解他的视角。

◆◆ 案例

霍克孜孜不倦地追求着务实的创新理念，这种没有尽头的探索促使他发现了 Z Corporation——一家 3D 打印机制造商，该公司利用碳氢化合物来“打印”设计方案：不是在平面的纸张上打印，而是制造出三维效果；不是呈现虚拟的画面，而是创造出一个具体的事物。霍克立即看到了将这种技术应用于鞋子的可能性：不用庞大复杂的供应链，顾客就可以将自己的脚扫描出一个原型，接着打印机就可以打印出为顾客量身定制的鞋子。作为战略家，霍克总是在寻求重新定义未来的方法。

如何能对未来保持好奇，如何拥有独特的构想？你必须感觉到这种可能性，并且接纳那些可能将你带出舒适区的新理念。

- **总是问问自己："假如……"，发掘一下可能性。** 读小说的时候、看电影的时候、去餐馆的时候，或是购物的时候，请仔细观察，你也许可以从每一种经历中都学到一些东西，它们可以启发你关于产品或服务的思考。比如，我们注意到，在百货商店里，当有人在我们后面排队时，我们不会换线重新排队。由此，我们就更能理解内部推荐雇用的原理了，即让一位员工推荐自己的朋友到公司中，这会使得推荐他人的员工对工作更加投入。百货商店里的排队行为可能对雇用实践产生影响。
- **接触领先的思想家们，他们可能是顾客、投资**

者、员工或竞争对手。一般而言，我们不会从与自己关系密切的朋友那里学到创新的理念。因为，我们通常选择志趣相投的人做朋友。我们需要与不同的人建立一些联系，一种更随意的联系，因为这些人可以给我们独特的见解。找到并培养这种多样化的关系，你就能以新的角度来看待自己的世界。

- **博览群书。**位列《财富》500 强的一家公司的首席执行官告诉人们，他私下喜欢阅读《滚石》（*Rolling Stone*）和《人物》（*People*）杂志，尽管他知道大多数同行只读商业书籍和行业杂志。
- **如果技术还没有成为你的朋友，那就赶紧吧！**技术将在未来深刻地影响每一个行业。做一个认真的学生，仔细地阅读和搜索那些讨论全球经济、人口统计和政治的书籍和网站，思考这些趋势可能对你所在的行业、组织和人员产生的影响。在网络上搜索你遇到的问题或挑战，看看其他人做了什么，看看他们如何解决这个问题，这样做有时也很有意思。使用互联网不仅可以获得信息，还能建立起你在别处很难建立的联系。

- **学会感受未来最重要的顾客可能面临的问题。** 试着从产品和服务的客户角度考虑问题，用他们的眼光来审视自己。不要总是问他们想要什么，而要亲身感受他们的感受。

做到以上几点，你会更乐于转变并拓展公司的形象。凯旋公关（Ketchum）是宏盟集团（Omnicom）旗下分公司，也是世界上最大和最成功的公关公司之一。它曾集中了 250 名管理人员，战略性地重新评估了公司在虚拟的、充满病毒式传播的互联网世界中的身份定位。结果，这家公司重新定义了自己的定位，从“公关公司”转变为“传播服务机构”。为顺应全新的人群触达渠道，它开始提供传统公关之外的全新服务。

除此以外，**伟大的战略家不仅会关注业内企业，还会观察和学习类似行业中的企业是如何让自己脱颖而出、获得突出业绩的。**比如，酒店行业的企业可以了解一下航空业、餐饮业和主题公园等同属消费服务业的姐妹行业，从中汲取一些非常有益的理念，探索未来的可能性，并利用这些可能性。

邀请关键意见顾客参与战略活动

公司战略是否有效体现在什么方面？答案是企业是否拥有长期竞争能力。竞争意味着你所做的事情要独一无二，顾客要认为有价值。如果做到了这一点，投资者会对你的未来更有信心，员工也会看到自己的日常工作与长期的顾客期望之间的关联，那些影响企业前景的其他利益相关者，比如重要的社区成员也会受到激励。

你可能会想，顾客的参与如何影响企业的战略？“以顾客为核心”难道不是市场营销部门或销售部的职责吗？其实，当顾客的需求和经历与组织内的每个人都产生关联时，当每个人都知道自己能够做什么、应该如何服务顾客时，顾客的参与就能对战略产生重大影响。让家用电器自我诊断故障并联系维修人员的创新技术方案，在会议室里听起来不错，然而却难以推行。原因很简单，大多数的房主都希望，在随机分配的维修人员到家里之前，自己能够事先得到通知。

微软负责领导力开发的博·帕内尔（Beau Parnell）给我们讲了他在思科公司时的事情，并告诉我们该公司是如何与顾客建立紧密联系的。

◆◆ 案例

思科公司的首席执行官约翰·钱伯斯（John Chambers）让帕内尔负责一项战略性工作，建立一个顾客工程"认证"项目和流程。思科的设备并不是用户友好型的，当时这个行业没有多少已有框架来发现并修理故障。帕内尔召集公司所有有想法的人，成立"顶尖枪手组"——这是该项目的名称。鉴于该项目的顾客群是工程师，帕内尔和同事一致认为，如果不邀请一位非常苛刻的顾客参与，那么该团队就不完整。尽管公司中的大多数人都认为帕内尔疯了，但他还是邀请了思科公司最为苛刻的外部评论家加入项目组。我们姑且称他为"乔"吧。无论什么时候，只要乔在思科总部附近，项目组的成员就开玩笑说，警铃又要响了，因为乔是网络和故障检修方面的前沿专家，即便是思科公司最优秀的工程师也对他敬畏三分。

帕内尔说道：“乔同意加入我们的团队，并且每一步工作都紧随我们。他预览了认证和培训手册，测试了我们的故障排除方案。每一份文件和每一个流程都要得到他的认可。7 个月后，顶尖枪手组在全世界范围内推出思科认证互联网专家（Certified Cisco Internetworking Engineer，CCIE）流程。因为该流程有非常苛刻的批评家的推荐和信任，CCIE 由此成为一个世界标准，持有该证书的人在竞聘中会占据很大优势。”项目完成时，乔坦白地说，当初思科公司邀请他加入项目组时，他正准备建议他所在的公司换掉思科产品，没想到最后自己成了思科公司的疯狂粉丝。

约翰·钱伯斯对该项目的结果非常满意，因此给项目组的每位成员都买了一件“老海军”

（Old Navy）的皮夹克，上面印有团队成员的名字。公司也给乔买了一件，但是因为送顾客礼物有悖公司规定，他们就把这件皮夹克放在了总部，挂在墙上的玻璃框里。两年后，当乔真正决定加入思科时，公司举行了一个“打破玻璃”的仪式。

让顾客认同并重视公司的产品和服务，这一点非常重要。**对于任何一个新战略而言，如果该战略推出的产品和服务没有得到顾客的热情接受，那么最好予以放弃。**领先的顾客是会得到他人追随的理念领导者。可以说，诺基亚之所以决定变革，很大程度上是出于这个角度的考虑。诺基亚需要 Web 3.0 用户，特别是下一代用户（N-Gen）的认同：肯定诺基亚是互联网上在内容制造方面酷炫的、入时的、前沿的伙伴，而不单单是一家工程驱动的硬件设备公司。由此可见，诺基亚公司的口号转变为简简单单的“科技以人为本”，这也不是偶然的。

战略领导家发现，顾客最初选择公司的产品，以及后来停止使用该产品，都是有原因的。

◆◆ 案例

联合利华使用模拟厨房，观察顾客对产品的使用，然后直接进入顾客的家中，尽可能地消除那些不自然的产品体验。比尔·马里奥特（Bill Marriott）表示自己阅读了顾客的所有反馈表，以便发现顾客对万豪酒店（Marriott）的需求。他在公司上下都分享了这些信息，从而将顾客的意见纳入决策制定当中。马里奥特也试图了解员工对顾客的看法。因此，这家连锁酒店对顾客非常了解，即使顾客本人不在现场，他们的想法和兴趣也已经被考虑到了。

在战略上以客户为中心的领导者，也要是自己产品的热心消费者，这样他们才能亲身感受到顾客的消费体验。地板制造商 Amtico 的前首席执行官大卫·摩特（David Motyl）在他和他家人居住的 6 处房子和公寓里都安装了 Amtico 地板。安装自己公司的地板使得他在 20 多年的时间里能够从顾客的角度了解安装、维修和损耗的任何问题。

我们设计了一个简单的练习，来帮助领导者了解顾客的需求。首先，我们邀请公司的管理者来界定他们的上层顾客。大多数管理者都能辨别出领先的顾客，这些顾客是行业领导者，购买了他们大量的产品或服务。接着，我们让管理者来预测，为什么顾客选择从他们那里购买产品或服务。通常，我们让管理者按照百分制来划分常见的顾客购买标准，比如产品或服务、客户关系、技术、分配、购买途径和价格等。然后，我们向顾客提出同样的问题，以发现公司内部的管理者与公司外部的顾客是否拥有同样的购买标准。最后，我们让管理者思考，如何才能与目标客户建立更紧密的联系，将顾客纳入产品讨论中。比如思科，将顾客意见纳入管理层的行动中；比如诺基亚，定期邀请顾客参与管理层的培训活动，并将其纳入公司文化的塑造。通过界定重要顾客，了解他们的购买标准，邀请他们参与到组织的构建中，以便更好地服务他们。这样，公司就能不局限于仅向顾客提供服务，还会预测顾客的需求和期望，并与重要顾客建立伙伴关系，共同努力提高服务。图 1-1 就表明了这项练习的步骤。

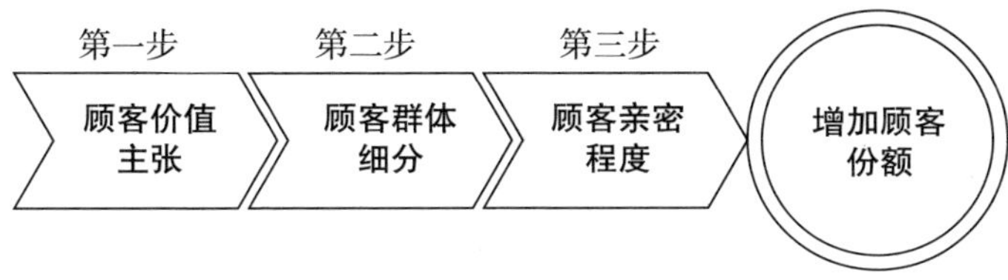

图 1–1　增加顾客份额

除了顾客以外，战略家还要对其他外部利益相关者做出回应。公司规模越大，在世界范围内的影响就越大。投资者和大众都与公司利益相关，都会对公司的战略做出一定的反应。如果金融界和资本市场要通过股价和其他公司有价证券的市场价格来支持公司的战略，他们首先就要对该战略有信心。这样的支持体现在无形价值上：人们对公司的未来有信心，比如满足季度收益目标、战略清晰、支持核心竞争力、对公司组织能力的赋能等。

大众是战略家必须考虑的另一个重要利益相关者群体。**我们发现，企业的社会责任根植于遵循一套公认的价值观。**如果公司战略要求在印度尼西亚使用童工；要求在一个矿物丰富的发展中国家不顾生态，炸山采矿；要求在一家美国工厂裁员，让附近一个小镇上三分之二的劳动力失去经济来源；要求员工做出不道德的决定，来实现不合理的目标，那么，请三思。

除了遵循既定价值观之外，企业的社会责任还与可持续发展有关，企业要寻求减少资源消耗的生产方式。沃尔玛要求自己的玩具供应商减少包装，并一直在努力建造更节能、碳足迹更小的建筑。在任何一个时点上，35% 的 IBM 工作人员都不在办公室，而是在移动办公，从而节约了办公空间，也减少了驾车上下班的时间。

社会责任也与慈善事业有关，企业要回馈社会，不仅要捐赠资金，还要鼓励员工为慈善事业奉献时间。这个世界到处是活动人士，他们的沟通像病毒传播般便利。一家公司做的一件事情，顷刻间便被人知晓。三菱与杜邦设立了首席可持续发展官，专门监督公司如何对待环境。

让每个人都参与公司决策

不要孤军奋战，不要仅与一小群高级顾问或顾客合作，要激励组织中的其他人来共同参与战略制定。这是为什么呢？因为组织中的每个人都有值得倾听的观点，他们对战略如何在组织内部操作、如何影响顾客等问题都有自己的观点。一项对自我雇用的调查发现，与直觉相反，自我雇用的人工作的时间更长、更享受工作。为什么会这样呢？因为他们明白自己的工作对业务的影响。参与战略讨论的人员越多，他们就越有可能积极参与战略的制定和实施。

◆◆ 案例

在沃尔玛，有位亲切的行政助理妥善安排了我们的来访，热情地接待了我们。我们问她是否喜欢在沃尔玛工作，她回答说，这是她所能想象到的最好的工作。当我们问她原因的时候，她告诉我们，她在这家年营业收入 5 000 亿美元的公司中发挥了重要作用。原来，她曾经感到沃尔玛销售的面包达不到她作为一个消费者的要求。因此，她与沃尔玛负责面包供应的管理人员谈话。该负责人认真地倾听了她的想法，并邀请她将自己的想法与面包供应商分享。面包供应商也认真地倾听了她的意见。因为她的想法，沃尔玛销售的面包变得不同。她说自己要是还有其他想法，很快就会分享给大家。沃尔玛鼓励员工参与到它所提供的产品和服务的讨论中去。

诺基亚一直努力让战略制定的流程尽可能公开透明。在变革人员的帮助下，公司领导者在战略开发流程期间，在世界上所有业务覆盖的地区举行了大型非正式会议，称为“cafés”。另一项具有创造性的举措是建立了一个内部倡议流程，公开分享行业数据。战略流程的参与者，通常是高层执行人员，他们被划分为不同的小组，每个小组必须提出一个业务增长的具体方向。这些小组的领导者并不是要寻求一个“正确的”答案，而是要倡议一个战略定位。一旦每个小组都为自己制定了一项有说服力的战略，并且有一套数据作为支撑，大家就共同决定哪一项战略是最优的。

员工发现，如果战略部署有着清晰一致的管理流程，那么这种方法将非常有效。当公司的战略流程进度是定期的，并且可预测时，员工就能预估战略在公司中的进程，这有助于他们将战略的分散信息连贯起来（如表1-1所示）。

表 1-1　战略流程进度

月份	活动
1 月	公司最高层 2% ～ 3% 的领导者举行会议，为期三天，制定年度主题；每个业务单位花一天时间讨论公司当年的议事日程对本单位的影响
2 月	根据重要主题制定管理层的奖励标准
3 月	根据年度主题，为公司的发展提名相关人员
4—5 月	重要战略审查，审查每个部门的年度计划：财务状况、人力资源和技术要求提出的业务挑战
6 月	评估每位员工的表现；分配基于绩效的股票期权
7 月	下一年度战略业务规划
8 月	向董事会报告前一年度和本年度的计划，首次讨论下一年度的主题
9—10 月	制订执行计划：更新目标，实施公司方案，审查人才和财务要求
11 月	跟进上一年度计划：简要了解哪些奏效，哪些不起作用
12 月	筹备下一年度工作规划

在这样的公司中，员工能够了解规划的下一步是什么。当他们能够积极参与决定公司的方向时，他们就会帮公司做出更好的决策，选择合适的目标，并且确保目标的实现。

战略落地的 6 大要素

战略性的领导力要求将战略能力贯穿到组织中。通常，首席执行官或高层管理团队承担战略思考的重任，他们有责任明确整个公司的方向。如果公司各个层面的员工不仅理解公司的前进方向，受到了鼓舞并铭记于心，而且知道如何将战略落实于自己的日常决策，那么战略就真的落地了。

通过观察众多的愿景、使命、宗旨、战略和目标的声明，我们确定了适用于任何组织的 6 项标准，我们称之为“战略落地的 6 大要素”，这些标准可以帮助任何层面的领导者明确自己的方向（如表 1-2 所示）。

表 1-2　战略落地的 6 大要素

雄心	战略关注的是未来，是员工能够实现、但有一定挑战的事情
行动	战略将愿景转化为具体的行动
顾客导向	战略描绘如何满足或超过顾客预期
纪律	战略体现在组织能力和管理流程中，比如人员配置、培训、预算、信息技术等

（续表）

激励	战略建立一种情感维系，将员工的个人需求和渴望联系起来
专注	战略将组织资源和员工注意力集中到优先考虑的事情上

雄心：要想让战略扎根下去，就必须让员工相信战略的内在价值，在个人层面建立情感联系。美国前总统约翰·肯尼迪在 1963 年的一篇简短而充满激情的演讲中，开启了一个全新的空间项目："我相信，我们这个国家要在未来 10 年内，实现一个目标，那就是将人类送上月球并安全返回。"肯尼迪的战略清晰明了，激发了人们的民族自豪感，结果也令人惊喜不已。试着想想，美国国家航空航天局的工作人员听到这番话时会是什么感觉？他们必定会对该项目更加投入。

行动：要想让以价值观为基础的目标变得可信，就必须将目标转化为具体的行动。要明确这些行动，有一个方法，那就是让员工审阅一份草拟的价值观声明，问他们三个以下问题：

- 我们提出的公司内部价值观对你来说是否重要？如果不重要，那么你认为什么样的价值观重要？
- 什么样的行动会让你觉得这些价值观很真实？我们要加强哪些方面？减少哪些方面？停止哪些方面？开始哪些方面？
- 如果公司践行这些价值观，你是否更有可能会帮助公司取得战略成功？

顾客导向：战略领导者要将外部的顾客期望转化为企业文化。换句话说，顾客期望要能驱动领导者和员工的行为，从员工的雇用、培训和支付系统到领导者传递的信息。战略领导者要问问自己：我的领导方式是否能将顾客期望与员工行动联系起来？顾客喜欢的员工会不会选择我们的企业作为其雇主？如果顾客看到我们的绩效管理系统，他们是否会喜欢我们指定的行为和结果？顾客是否会乐于接受我们提供的培训和沟通？当内部管理实践符合顾客期望时，公司文化就能够支持顾客期望。

企业价值观对顾客来说也很重要。一家公司的价值观也是它提供给市场的内容的一部分。近年来崛起的全食超市与其他“绿色”组织就证明了这一点。即使那些过去对顾客导向价值兴趣寥寥的公司也在逐渐转变战略，以便反映顾客价值取向的变化。沃尔玛长期坚持低成本战略，但现在突然之间就成了世界上最大的 LED 节能灯泡和有机牛奶的销售商。顾客希望自己的渴望得到满足，希望自己购买的产品或服务有助于满足其渴望。不妨问问顾客：

- 我们提出的内部价值观对于身为顾客的你而言，是否有价值？如果没有，那么哪些会有价值？
- 如何让这些价值观对你来说显得真实？这个问题引出的对话可能会非常精彩，它能揭示公司该如何更好地对待顾客。
- 最后，如果我们遵循这些价值观，并按照你所建议的那样行事，你会增加我们之间的业务量吗？

纪律　在过去的 20 年里，商业世界致力于缩小规模、裁减员工、精简机构、重组结构，然而我们惊讶地发现，组织的管理组织结构对顾客来说不是非常重要。试想一下：顾客是否知道或关心公司管理层的人数？答案是否定的。但是顾客了解管理层的工作出色与否。组织的身份源自组织做好事情的能力，比如满足 Web 3.0 用户的需求。这是因为组织有一些独特的才能：能够合作、学习、随机应变、文化变革、创新和服务顾客以及保持高效并负责。战略家必须不断地由外及内地明确战略，塑造组织。

底线 战略制定工作的底线是：直到组织明确知道如何实行战略，包括知道如何激励那些在高级副总裁层面以下的员工时，战略制定的工作才算完成。

> 符合战略的组织纪律将会带来显著的变化：财务纪律有助于战略性地分配预算；技术纪律有助于管理信息流；市场营销和销售纪律有助于将顾客期望转化为产品或服务；工程纪律将有助于设计产品；制造纪律有助于按时并且在预算内生产；人力资源纪律有助于管理人才和组织。

有时，战略的制定要求领导者更彻底地思考，对组织进行重新定位，正如诺基亚的康培凯和其他领导人那样。通常，这就是一个简单的纪律，确保公司每个细节都是为了满足顾客需要。

激励 员工还需要第二种情感联系，即自己的希望与未来之间的联系。“这会给我和我的家庭带来什么？”指标和纪律只能让人按部就班地执行公司战略、服务客户，而如果让人们相信他们是在创造自己的未来，就会让他们的工作充满活力。家乐氏（Kellogg）不仅销售谷物早餐和零售点心，而且还帮助世界上的人们享受更健康的食物，从而赢得了员工的支持和拥护。实际上，家乐氏的零食在内部被称作“有益健康的零食”。

专注 战略在肯定一些事情的同时，也否定了一些事情。如果领导者能够将注意力集中在任务上，而不在非战略性但有诱惑力的事情上分散时间、注意力和资源，战略就会取得成功。

讲好组织的战略故事

运用以上四项原则制定的战略，合起来就是一则故事，有目标、顾客、员工、途径、结尾和结果。一则好的故事既有智力上的吸引力，也有情感上的吸引力，还能够引向实际行动。作为战略家的领导者可以向内部员工、外部投资者以及顾客讲述有关组织的故事。随着领导者持续地传达有关目标以及如何实现目标的信息，组织的故事也会成为领导者个人故事的一部分。挑战一下自己，看看你的组织是否有连贯的故事（如专栏 1-1 所示）。

◆◆ 专栏 1-1　快速挑战战略

你的组织是否能讲述一个连贯的战略故事？

快速挑战：选择 5 ～ 7 个组织中不同职能领域的人员，请他们回答以下有关组织战略的问题，然后决定答案是否接近。

---

1. 我们组织的战略是什么？谁是我们的目标顾客？为什么他们购买我们的产品或服务？

2. 谁是我们最强劲的竞争对手，他们如何区别于我们?

3. 我们的利润与我们的顶级竞争对手相比如何?

4. 对组织影响最大的 2 个或 3 个行业趋势是什么?

5. 你认为公司在未来的 1 ～ 2 年里最重要的任务或优先考虑的事情是什么?

战略讨论的作用在于：可以基于最佳信息来调整战略，让顾客、员工、大众、投资者，以及任何与该流程相关的人员都参与进来。从大处着眼，但同时要认识到过于宏大的愿景会降低可信度："最佳位置"就是调整好战略规模，它使战略能够拓展组织，而不是撕裂组织。优秀的战略家能够实事求是地看待自己的技术和社交能力，并在此基础上制定战略。培养一流的能力可能要花费几年的时间，因此，任何忽视公司长处的战略都将置公司于危险的境地。

如何知道你是否是一位优秀的战略家？那就回答有关公司方向的问题，评估你对组织和行业的未来是否有自己的看法。你是否真的对未来充满好奇？你是否采取行动？顾客对于与你共创愿景是否感到激动？员工或者其他利益相关者怎么样呢？

更多详情请访问 www.leadershipcodebook.com。该网站提供了诺姆·斯莫尔伍德的一段视频，他解释了顾客价值主张和战略方案矩阵。在该网站上，你也会找到另一个关于战略的优秀领导力密码工具。

THE LEADERSHIP CODE

FIVE RULES TO LEAD BY

领导力密码 2

主动变革，将“所知”变为“所行”

执行就是要确保既定目标的实现。明确目标和实现目标是截然不同的挑战。我们通常知道自己的目标，知道自己应该去做哪些事情，但这并不意味着我们能够很好地实现目标。比如，就个人而言，几乎每个人都清楚地知道，自己应该多锻炼身体，饮食要注意健康，要多花一些时间和精力陪伴自己所爱的人。然而事实上，现实生活总是忙忙碌碌，我们并不能如我们所希望的那样，去做这样或那样的事情，而执行力就是一种将“所知”变为“所为”的能力。

对领导者而言，执行力能够确保战略性的抱负付诸行动，确保目标变成结果，确保所期望的未来变成现实。执行力强的领导者能够让下属和他人明白，未来的愿景如何影响今天的行动。执行力同样是高度务实的，短期的成功可以成为强有力的引擎，驱动组织不断向前发展，直至达到实现战略的引爆点。把战略执行到位，能让领导者获得更多与愿景适配的技巧，深化对制度的认识，再讲得实际一点，就是能够赚到钱。执行得越好，你就越能拥有更多的资本去履行当前的义务，进行未来的投资，创造一张强有力的安全网，克服始料不及的困难，抓住尚未预见的机遇。没有战略的执行也许是盲目的，而再好的战略，如果没有有效的执行，也必定是没有根基的空谈。

◆◆ 案例

在过去几年里，宝洁公司经历了一场彻底的变革。在首席执行官雷富礼（A. G. Lafley）的带领下，宝洁将目光锁定在了一项新的战略上，变成了大规模变革中的一个执行机器。别的公司或许也有好的想法，但宝洁不但拥有好的想法，而且能将这些好想法高效地付诸行动，从而成为所在行业中的佼佼者，包括并购吉列，并成功地将其融入宝洁典型的公司文化之中。或许，宝洁的秘密武器之一就是公司的员工愿意在这里度过整个职业生涯，长时间的相处让他们彼此了解，这有助于他们有效地执行工作。

通过大量的实践和研究我们发现，执行力包含一些基本要素。执行有力的领导者能够将现在与未来联系起来，将短期与长期联系起来，合理有效地规划时间，与员工建立密切联系，勇于承担责任，并且确保工作按时完成。执行力强的领导者会对必须做的事情负责，做必须做的事情，按时完成工作，并让人信服。执行力强的领导者对所有的利益相关者都信守承诺。简而言之，他们遵循了以下五个基本的执行准则。

做变革的推动者

执行必然要求变革。现在，没有哪个系统或流程永远处于静止不变的状态：顾客需要我们不断改进，技术也在不断进步，社会要求持续创新；现有的机遇会逐渐消失殆尽，而新的机遇又将应运而生。这些变革或大或小，也许只是在目前运行良好的流程中加强某些细节，也许是公司新的战略带来更大的系统性改革，就像我们前面所讨论的宝洁的例子。但无论是哪一种变革，如果要执行有力，领导者就必须在变革的过程中发挥一定的作用。有一位公司首席执行官告诉我们，如果无法有效应对形势变化，一家公司可能花了 50 年的时间辛苦创建，却会在不到两年的时间内迅速崩溃。

领导者是变革的推动者，既要让个体发生变革，又要变革公司内在的模式和文化。变革意味着建立一定的准则，按时并在预算内完成既定项目。有些项目规模较小，比如推行一个新产品；有些项目规模较大，比如整合一家合并后的企业、购买一家公司，或者上线一套新的信息系统。我们发现，当领导者在一些项目中实施变革准则时，项目也就发生了变革。在与一些领先公司的合作中我们发现，无论是哪种变革，都有一些共同问题需要关注和回答（如专栏 2-1 所示）。

◆◆ 专栏 2-1　变革清单

有 7 个关键因素可以帮助我们将“所知”变为“所为”，促使变革发生。这些因素就如同飞行员的清单。思考这 7 个问题可以帮助领导者确定该方案成功的可能性有多大。不仅如此，该清单还会告诉领导者需要改善的地方有哪些。

	得分范围：1 ～ 10
领导支持：该项目是否能获得领导的支持？	1 2 3 4 5 6 7 8 9 10
需求清晰：领导者对该项目的需求是否清晰？	1 2 3 4 5 6 7 8 9 10
目标明确：变革的目标是否明确？	1 2 3 4 5 6 7 8 9 10
利益相关者认可：变革涉及的人员是否接受这一方案，并且愿意为之努力？	1 2 3 4 5 6 7 8 9 10
决策流程：是否知道在最近 90 天内要做出的决策，以推动该项目？	1 2 3 4 5 6 7 8 9 10
投入资源：要投入多少信息、资本和人力资源以实现变革的制度化？	1 2 3 4 5 6 7 8 9 10
监控和学习：是否有取得持续学习和进步的衡量标准？	1 2 3 4 5 6 7 8 9 10

得分：

要想取得成功，变革方案必须在所有领域都获得高分。

评估标准：

9 ～ 10 分，优秀；

7 ～ 8 分，良好；

6 分及以下，该领域可能存在风险。

该项目是否能获得领导的支持？对于一项变革方案而言，领导的支持意味着公司上层会将顶尖人才派到关键领域，员工能够由此看出公司领导者对该项目的投入力度。

被派到该项目的人才要通过一项日程测试，测试他们是否将 20% ～ 30% 的时间花在了该项目上；要通过一项热忱测试，测试他们是否表现出了对该项目的热情和活力；还要通过一项公共受托责任测试，测试他们是否愿意成为该项目的发言人。

领导者对该项目的需求是否清晰？领导者要为变革提供充分的理由，让人们看到有足够的必要做出变革，克服抵制情绪。有时，短期的失利可以作为变革的理由，比如利润下滑、顾客流失或市场机会的错失，领导者只需要利用这些现实的情况就可以做出变革；有时，则需要领导者勾画出一个蓝图，让人们看到未来，看到做出变革后的情况究竟如何。

变革的目标是否明确？领导者要用可以衡量的、可以追踪的、清晰明了的措辞来定义成功。比如，一位致力于创新的首席执行官可以公开自己的目标——从过去两年创造的新产品中获得 50% 的收入。这样清晰的目标会赢得员工的支持，使员工容易接受实现目标的变革方案。公司上下的领导者都可以公开设定清晰的目标，但目标要与变革的规模和水平相当。

变革涉及的人员是否接受这一方案，并且愿意为之努力？只有当员工了解了变革的原因，并且清楚了解如何在日常工作中执行变革的时候，员工才会为之努力。宝洁公司之所以取得成功，原因之一在于，长时间相处让大多数员工相信，公司值得信赖，公司做出的决定是正确的。而在有些公司中，员工会担心公司做出变革的背后可能有着不可告人的秘密。相比之下，宝洁无疑具有巨大的优势。

> 对于任何领导者而言，一项必做的工作就是与员工分享信息，要让员工知道变革的原因，帮助员工明确这项变革给他们的日常工作带来的积极影响。公司高级领导者除了要制作变革的视频、博客或其他沟通材料之外，还要求公司其他领导者与自己的工作团队进行有效的沟通，告诉员工变革对团队到底意味着什么。当公司上下领导者都公开表现出自己对变革方案十分重视、投入程度很大时，员工就会更加努力。

变革方案是否能分解为近期要制定的决策？大规模的变革需要被分解为短期内可执行的事情，一般而言期限为 90 天。我们发现，当领导者明确定义了战略变革所需的具体决策方案后，这些决策就更可能被制定，变革更可能发生。有些公司制订了宏伟的行动计划，却忽略了要制定严格的决策方案。

该变革是否能制度化？制度化指的是领导者将变革的

焦点从个人日程转为组织流程。当变革表现为编制预算流程中的资源分配和员工待遇，比如员工的雇用、发展和薪酬，以及信息系统的收集和数据分享时，变革就制度化了。领导者要确保支持性职能部门适当调整他们的日常工作，支持该项变革。

为变革付出的努力和收获是否可以衡量？事实上，很少有变革方案能完全按照计划进行。领导力的一个重要方面就是通过观察、衡量和调整不断学习。学习要求领导者进行定期检查、核对和监控，明白哪些可以促进变革，而哪些不行。

以上这些问题，对读者来说或许并不陌生，但值得我们认真思考，以便在组织中建立变革准则。如果领导者在执行项目时经常思考这些问题，就能更好地开展工作。

随着变革节奏的加快，领导者必须学习如何管理变革，而不是被变革牵制；领导者要帮助组织和个人更好地适应任何变革中都固有的不确定性；领导者要帮助他人将变革视为机遇，而不是问题和难题；在领导一项变革方案时，领导者必须拥有一套准则，以便将“所知”变成“所为”。

> 思考这些问题有助于建立准则、帮助领导者管理变革。就像飞行员的清单有助于飞行员驾驶飞机，外科医生的手术清单可以提高手术成功的可能性，快餐店的清单可以让员工有章可循一样，通过创建一个准则化的清单来领导变革，我们就能够将“所知”变成“所为”。

让变革可持续。变革通常是一次性事件，而不是一个能长久持续的模式。若使用专栏 2-1 的变革清单，领导者通常能更快地创造更有准则的事件，他们能主动变革。然而，当领导者离开之后，事情又迅速倒退到“过去”。

要想将变革转变为可持续的模式，我们就要找到变革没能发生的根本原因。在过去的 20 年里，我们记录了我们称之为“变革病毒”的因素，即变革没有持续很久的原因（专栏 2-2 是一些最常见的变革病毒）。我们列出的每一项都“事出有因”，它们至少在 6 个组织中都发生过。

要创造新模式，就必须明确并讨论这些“病毒”。我们都知道，在人际交往过程中，两个人相处很长时间之后，常常会有一些“难以言说的”事情，我们可能不想谈论或不知如何开口。然而，压抑的时间越长，对彼此关系的伤害就越大。如果能够找到一种恰当的方式谈论这些事情，用客观的态度进行讨论和交流，我们就能解决困难，取得进步。

因为这种“难以言说的”模式会在组织内部传播开来，所以我们称之为“病毒”。有些模式确实可能在不知不觉中产生了，但由于自满或惰性，我们可能忽视了它们（如专栏 2-2 所示）。这就如同我们拜访家人或朋友时，通常能很快发现他们家里的污垢或杂物，而他们自己却不容易看到一样。一旦我们将病毒（物理的或者数字的）找出来，客观地对待它，一般而言，我们最终都能对它产生免疫。

执行不但要求变革的发生，还要求旧模式的暴露、删除和新模式的产生。病毒的检测和删除是建立可持续执行力的一种方式。

◆◆ 专栏 2-2　常见的阻碍变革发生的病毒

有时，组织的某些模式会阻碍变革的发生。这些模式可能被诊断为组织的疾病，这些疾病一般能被治愈，所以我们称这些模式为“病毒”。以下是我们发现的一些最为常见的病毒。只要请团队中的每位成员都选择最常见的 2～3 个，领导者就能弄清组织内部的病毒。一旦界定了病毒，就可以开始消除它们了。

1. 过度告知

在开会之前，我们就把变革方案告诉了每个人，确保每个人都通知到位，这时，会议只会使事情进展缓慢。

2. 我行我素

彼此之间不是相互学习，而是受 NIH 症候群[①]之苦。

3. 马前炮

在事情发生之前，就开始批评挑剔。

4. 一团和气

彼此言谈友好（尤其是在公共场合），即便存在分歧，表面上仍然很友好，这会导致误解。

---

① NIH，即 Not-Invented-Here，“非此处发明”或“非我发明”，表现为不愿意利用外部创意来改善企业的业务流程，对他人的知识持怀疑态度，不愿意利用外部的知识进行开放式创新。——译者注

5. 虚伪的共识

我们可能将“愿意参与”和“达成共识”混淆，认为行动之前必须征得每个人的同意。但是当人们说同意时，他们的意思其实是参与，而实际上并不同意。

6. 往后看：从后视镜中看事情

害怕失去过去的东西而不愿变革文化：被自己的习惯所束缚。

7. 社会等级：以级别论人

对一个人的评价不是基于他的表现和能力，而是基于头衔和级别。

8. 领地主义：“我”的事情和“我们的”事情

我们可能都有维护自己领地的倾向，有时这会对组织的整体利益造成损害。

9. 命令和控制

期望看到高级管理层在运作公司，觉得责任是公司上层的，而感觉不到个人对变革应尽的义务。

10. 对人不对事

攻击同事，而不是针对问题本身。

制定清晰的决策流程

决策制定是明智行动的核心。领导者如何思考决策，如何制定决策，以及如何执行决策，体现了领导者的个性。决策模式不仅体现领导者的身份，也为集体包括项目组、部门或企业塑造了身份，明确了“我们是谁”“我们执行什么”。领导者要慎重决定自己花费在每件事情上的时间，要打交道的对象，要处理的信息、召开的会议，以及要注意的事情。领导者通过决策模式，构建了一个身份，树立了一个重要榜样。清晰的决策能够推动有针对性的、及时的行动，而模糊的决策则会拖延行动，或者迫使他人猜测下一步的行动是什么，有时这种猜测是错误的。专栏 2-3 展示了一个决策协议，它有助于帮助领导者清晰地思考决策，可以用表 2-1 所提供的矩阵来组织决策。

◆◆ 专栏 2-3　决策制定流程

	得分范围：1 ～ 10
清晰度	
我们非常了解制定的决策。	1 2 3 4 5 6 7 8 9 10
制定一项决策时，我们集中关注 2 ～ 3 个选择或备选方案。	1 2 3 4 5 6 7 8 9 10
我们的报告首先明确讨论之后必须制定的决策是什么。	1 2 3 4 5 6 7 8 9 10

我们将宏大的想法（顾客服务、全球化）细化为有清晰方案的具体决策。	1 2 3 4 5 6 7 8 9 10
责任制	
我们知道谁负责这项决策，并且认准由此人或团队负责。	1 2 3 4 5 6 7 8 9 10
共识不代表平等的投票权。由个人或团队负责。	1 2 3 4 5 6 7 8 9 10
时效性	
我们公开了决策制定的截止日期，并且严格遵守。	1 2 3 4 5 6 7 8 9 10
我们对决策制定的时间要求严格，如果团队滞后，则由管理人来决定。	1 2 3 4 5 6 7 8 9 10
流程	
我们通过激励执行决策的人来创造决策的所有权。	1 2 3 4 5 6 7 8 9 10
我们为决策冒适当的风险。	1 2 3 4 5 6 7 8 9 10
我们明确了制定高质量决策的流程。	1 2 3 4 5 6 7 8 9 10

反馈和报告

一旦制定了决策，我们会及时跟进，以确保决策的有效实施。　1 2 3 4 5 6 7 8 9 10

总分：____

评估每一个部分，决定你的团队在该领域的优点和弱点，再看一下总分，得出你所在组织的决策能力。

表 2-1　组织决策制定工作表

原则	申请	
	会议 在会议中，我们如何适用这些原则	项目 在关键项目中，我们如何适用这些原则
清晰度 要制定的决策是什么？有哪些选择？		
责任制 谁为决策负责，个人还是团队？		
时效性 何时必须制定和宣布决策？		

（续表）

原则	申请	
	会议 在会议中，我们如何适用这些原则	项目 在关键项目中，我们如何适用这些原则
流程 要收集的信息有哪些? 涉及的人员有哪些?		
反馈和报告 我们如何跟进，确保在决策有明显成效时能够从中汲取经验?		

我们认识一位高效的、以执行为导向的领导者，他通过开门见山的提问来处理大多数问题。比如:“你想要我根据这次谈话做出什么决定？”这种以行动为导向的问题，要求员工坦言自己想要的东西，告诉领导如何帮助他们。还有家公司要求每个 PPT 报告的第一张或第二张幻灯片说明接下来的报告中要制定的决策，从而更好地管理日常小改革。这种以决策为导向的原则，使得会议能够顺利进行，明确与会人员的期望。

以下问题可以帮助领导者建立更好的决策制定原则。

要做的决策是什么？任何决策通常都有多种选择，而太多的选择可能让简单的决策变得复杂。要开设或关闭一家工厂，可能会因为地点、自然资源、人力资本的可获得性、监管和税收减免、是否接近顾客、历史和传统、社区支持，以及其他社会因素等方面的选择而变得复杂。要想在决策制定上集中注意力，就不能纠结于无止境的可能性，而是要关注最重要的 2 ～ 3 个选择方案。

> 一位高层领导者以出色的执行力著称，他说，每当与员工见面的时候，他希望员工已经提前做好准备，专注于他们感觉最优的 2 ～ 3 个选择方案。本着简化的精神，公司开始集中精力关注重要的选择，而不是所有的选择。明确要制定的决策以及可以选择的方案，可以简化流程，并且集中注意力。

谁来制定决策？领导者要明确决策权。领导者通常业务繁忙，因此必须把注意力放在少数几个必须亲自制定的决策上，把不需要亲自制定的决策都委派给下属。重大的变革决策可能有关人事（如何安排项目人员）、资金（如何为项目提供资金支持）、数据（如何追踪项目），抑或是责任落实机制（如何跟进项目）。从表面上看，有许多决策需要领导关注，但请思考一下：“你自己在一个月内能制定的 2 ～ 3 个决策是什么？”这样答案就清晰了：如果“我”不制定这个决策，谁来制定它？该决策是由委员会来制定还是由个人来制定？谁是该决策的最终负责人？会有什么结果？决策的制定有很多种方式：少数服从多数原则、团队共识、他人的意见，抑或是由一个关键人物拍板。

> 要提前明确决策权和决策规则，或决策制定中有关权威和责任制的期望。当人们期望有投票权，但实际上他们只有发言权时，他们可能会感觉自己被忽视了。当人们认为必须有共识时，如果他们的想法没有被采纳，那么他们可能会感觉自己的意见被忽视了。参与并不意味着达成共识。明确由谁来制定决策，能够建立责任制，如果每个人都对决策负责的话，最终就会是没有人对后果负责，但是如果由一个人来负责，那决策就容易制定了。

何时制定决策？在决策制定过程中，几乎所有时间都会被工作填满，而设定截止日期，有助于调动行动的积极性。作为领导者，你可以公开决策要制定的截止日期。

> 在公司中，一旦分配一项决策给某人，就如以上问题所示，问他何时能提供推荐方案，何时能给出结果。当决策制定者明确了具体的时间和地点，比如要在两个月后的员工大会上提出方案，这将会大大增加决策制定的可能性。然而，如果没有截止日期，对话将成为辩论，而辩论将会无休无止。

如何制定好的决策？要想制定好的决策，首先要知道决策要求的质量水平，以及其他人能够接受的水平，这对于成功地实施决策来说至关重要。质量指的是该决策要求决定前有 99.9% 的精确度，比如关于人身安全的事情；或者只要有 80% 的准确度就可以了，比如可以随着时间不断调整的决策；或者需要在实施前，征得每个人的同意。

> 如果质量是关键，决策负责人就必须具备一定的知识和能力，至少能满足最低质量要求。如果一项决策主要取决于质量，那么要制定一个好的决策就要求关键人员参与决策制定的流程，并监视决策的结果，以便从中汲取经验教训。

如果遵循了这个决策协议，领导者就通过了行事决断和决策的测试。领导者不仅知道了自己想要什么，要实现目标有哪些选择，哪一种选择最佳，还明确了哪一个是能够推动变革顺利进行的关键决策。领导者为自身和组织塑造了一种积极的、果断的、以执行为导向的身份。

确保问责到位

问责制是执行的核心所在。问责制意味着某个人或某个团队有权、有责任做好某事。有时，在规模庞大、结构复杂的矩形组织中，太多人负责某一件事的最后结果就是没有一个人为此事负责。即便是在规模较小的组织中，如果没有清晰的问责制，没有明确谁该负责某事，那么指手画脚就会代替实际行动，政治玩弄会变得比工作成效更重要，这些都会导致执行力下降。简单地将责任分配给个人还不够，问责制要随着标准、结果和反馈不断完善。

标准。问责制始于清晰具体的目标和衡量标准。比如，如果让一个十几岁的青少年将自己的房间打扫干净，他可能在片刻后就会说“打扫完毕”。我们并没有清晰地定义我们的目标“干净”。实际上，双方对“干净”的认定标准差别很大。在组织中，标准可以回答“我们如何知道是否成功了”这个问题。

有很多关于明确目标的文献都突出了一些有效的标准，我们称之为“最优目标设定”。

- 结果：衡量我们做事的结果。
- 流程：衡量我们做事的过程。
- 公开：其他人看得到，知道怎么回事。
- 时间限制：为要做的事情设定截止日期。
- 以重要性为核心：重视正确的事情。

- 便于管理：在个人可掌控的范围内。
- 接受：与他人协商，而不是强加于人。
- 学习：从小的失败中吸取经验教训，学习如何改善，而不是批评和惩罚。

衡量标准好坏的最好方法，就是让同事反馈他们对目标的理解，以及他们认为为了实现目标应该做哪些事情。仔细倾听并迅速纠正，你就能向他们明确你的期望。你的工作就是确保员工都了解领导者对他们的期望，这样他们自己就会觉得要对执行负责，而不是你觉得。如果员工感到你的目标就是他们的目标，你的标准就是他们的标准，你渴望的结果也是他们渴望的结果，那么此时，你已经成功明确了标准。

结果。问责制要求对达到或未达到标准的行为都要承担一定的结果。一位部门经理因为在任职第一年超出预算，收到财务部的一封信，于是，这位经理决意改进。可是后来他得知另一位部门经理同样超支，同样收到了会计部门的一封格式信，他发现透支的后果不过如此。请问，在这种情况下，他能感觉到自己有多少责任？

结果可能是负面的，也可能是正面的。如果是负面的，你要让员工知道自己错在哪里，如何改进；如果是正面的，你要让员工清楚自己好在哪里，要继续保持。不管是哪一种情况，与员工交谈必须以事实为基础，要及时、坦诚。无论在公开场合还是私下场合，都要明确后果。

> 我们发现，有时领导者因为长期的关系和历史原因，很难追究直接下属的责任。当我们询问高级管理人员，如果要更好地执行项目，他们会改变哪些做法时，他们必然会说应该更大胆、更积极。当我们让他们进一步说明，要更大胆地去做哪些事情时，他们的答案总是围绕着人，认为应该让不能做好分内工作的人离开。

除了要咨询薪酬方面的技术专家，你自己也要积极构建奖励制度，使员工行为与结果挂钩。有效的奖励制度以绩效为基础（当加薪不能反映出个体的贡献度时，该制度就毫无意义），公开透明（人们需要了解并且尊重为什么某些人可以获得更多的回报）、及时、持久而广泛（过于头重脚轻的奖励制度，会滋生不健康的等级制度，降低生产力）。

反馈。借用一位从事体育运动的同事的话："反馈是冠军的早餐。如果在滑雪冠军的腿上注射普鲁卡因[①]，那她就会失败，因为她无法感受到山脉的反馈。"**只有完成从外部行动到内心感受的循环，人们才能了解：哪些起作用了，哪些没有效果，哪些要改进。**要成为高效的执行者，领导者就要向组织、团队和个人提供及时和有用的反馈，并接受他们的反馈。领导者要愿意并能接受他人的反馈，从中学习，以身作则。

我们的一个客户在她的部门内就持续使用了结构化的反馈方法。这个 5 步反馈流程从意图开始（"我们开始时要做的是什么？"），到结果（"我们做了什么？"），优先关注积极方面（"我们哪些地方做得比较好？"），然后再开始讨论过错（"哪些地方可以做得更好？"），最后以学习结尾（"我们从这次经历中学到了什么？哪些是要保持的？哪些地方可以做得更好或可以换个方式来做？"）。

---

① 一种麻醉剂。——译者注

如果你这样做了，那么效果会非常显著。员工很快就会学到如何互相尊重，了解到目标是通过学习而不是通过责备达成的。通过这个过程，他们还会发现组织的一个重要运行惯例，即团队成员很少对目标达成共识。有了这个集体认识，他们就能把围绕共同目标设定的必要准则植入集体的工作流程中。他们的变化速度惊人，取得的成效同样惊人。有趣的是，工作氛围也会随着时间而发生变化。人们变得更坦率、更积极，对工作更投入，知道了如何进行团队协作。

反馈对组织和人员的健康与福利同样至关重要。如果没有一种健康的态度来对待反馈，那么人们渴望沟通的这一基本需求就会被扭曲为流言蜚语、背后诽谤和误解。以大家认可的健康方式对待谈话，为了集体利益携手合作，人与人之间的关系以及工作流程都会得到改善。领导者会发现，执行变得越来越简单、越来越有效。

组建高效团队的 4 大因素

在大型组织中，大多数工作的执行是由团队来完成的，因为顾客要求和组织结构都非常复杂，任何个人都难以独立满足需求。**卓越的执行力取决于卓越的团队。**团队把具备不同技巧和能力的人聚集到一起，为了一个共同的目标而努力。因此，团队鼓励成员有不同的视角，也鼓励成员有新理念、新角度和新追求。在组织较为动荡的时候，团队能提供稳定性。由于任务和投入的变化，个人可以在团队中进进出出，而团队本身则能够以独立的身份继续存在，它拥有使命，为长期项目的执行提供有利的稳定环境。团队的集体投入能够推动项目进程。

通过高效团队来执行战略的领导者，能够在 4 方面取得成功：清晰的宗旨、明确的管理流程、强有力的关系，以及不断学习。你可以观察自己所管理的团队中的这 4 大因素，鼓励组织上下的领导者定期审核团队，以便确保组织内的团队合作。

清晰的宗旨。每个团队都需要一个章程，表明团队存在的意义（“我们为什么存在？”）和前进的方式（“我们要做什么，如何做？”）。

> 在高效的团队中，宗旨既是体现雄心壮志的目标，也是对队员的激励：设定鼓舞人心的挑战性目标，这些目标是对职业和个人的回报，所有目标都以时间表为支撑，都有可交付的产品或服务，你可以询问队员是否知道他们见面的原因，以此来持续地追踪该团队，观察有无偏离目标。

明确的管理流程。这样的流程有明确的角色分配和决策制定协议。围绕角色和决策制定的管理事务要由领导者决定，以确保每位团队成员都能做出最优贡献，每个人都要知道自己对团队的贡献（“我为什么在这里？”），以及贡献的方式（“我们如何协作？”）。

> 决策制定要考虑进度，不能过快，也不能过慢；要考虑所需的信息量，不要过多，也不要过少；要考虑正确的参与度，让所有人都能感觉到可以公开参与；还要考虑适当的风险，不要太高，也不要太低。

强有力的关系。团队也可以在看似矛盾的关系中工作。一方面，成员互相关心，互相倾听，互相了解，在遇到困难或危机时互相扶持，尊重彼此的想法。我们在这样的团队中都有过类似的经历，在危机时，我们转向支持彼此，而不是走开。无论是在顺境或逆境，这种情感联系和友好的关系都支持着我们。另一方面，高效的团队鼓励不同意见的辩论和对话，因而也需要处理差异和冲突。从队友那里学习如何提高，远远好于从那些不关心你的人那里学习。

不断学习。最后，不断学习是团队取得成功的必经之路。团队通过定期休整、反思和评估来学习。团队的成员评估哪些工作有效，哪些无效，探求模式和机遇，以便持续改进。要想推动团队学习，领导者可采取的最有效的办法就是以身作则、不断学习，承认个人的成败，保持好奇心，寻找新方法，定期学习、审核，评估团队的表现。

以专业打造“光环效应”

关注执行效力的领导者必定非常关心自己和组织的专

业技术娴熟程度。**如果在一些重要方面领导者个人具备专业资历，这会让周围的人更信任他。**专业技术娴熟可能是擅长财务、市场、运营、技术，也可能是善于勾勒愿景。在某一领域拥有深厚的知识，会使你不仅能通过言辞领导，而且能通过现实领导，会使你可以问出一些专业领域内有深度的问题。随着你在组织中职位的上升，你在技术专业知识方面的造诣可能退化，但是过去曾获得的卓越成就也会产生持续的效应。你可能不是所有领域的专家，但是拥有某些专长将会对你非常有利。

除此之外，**领导者要确保组织有技术专家。**执行负责人是否有正确的技巧？是否知道这些技巧？组织如何知道正确的人员真正了解自己的技术？这一系列问题的处理要求哪些独特的知识和技巧？哪里有领先的技术，我们又该如何获取？

专业技术娴熟看似是短期目标，因为技术总在不断变化，但技术娴熟对个人或组织而言具有长期意义，因为大多数领导者都是从拥有卓越的技术开始职业生涯的。技术娴熟能给未来的领导者带来可信度，比如在财务、运营、营销、销售、工程或法律等领域的专业知识，可以确保你在未来担任重要领导职务时获得尊重。著名的“光环效应”就是如此。

执行力的根本领导力准则就是要确保我们实现目标。执行就是将我们的“所知”变为“所行”。正如我们所说，这种能力取决于各种各样的准则，比如变革、决策、问责制、团队和娴熟的技术。有些领导者天生具备卓越的执行力，他们会自然而然地执行上述准则；而有些领导者能够从工具和诊断问题中学习，并采取行动，从而成为卓越的执行者。

请访问我们的网站 www.leadershipcodebook.com。在该网站上有凯特·斯威特曼的一段视频，讲述了病毒工具（专栏 2-2）在一些公司中的应用，它不仅减少了文化障碍，还使执行更加有力。在该网站上，你还会发现更完整并在不断增加的组织病毒清单，我们也诚挚地邀请你添加你发现的组织病毒。你还会发现另一个关于执行力的优秀领导力密码工具。

THE LEADERSHIP CODE

FIVE RULES TO LEAD BY

领导力密码 3

激励人心，帮助员工为组织利益开发自己

人才管理者培养他人，帮助他人发展。领导者不可能独立于追随者而存在，领导者通过激励他人来明确战略、执行目标。人才管理者的作用有很多。**确保公司成功的一个最简单方式就是挑选自己公司的员工和竞争对手的员工。**我们常常开玩笑说，最有成效的人才选择就是将自己公司表现最差的员工派到竞争对手那里去，希望他们像为你干活那样为对手干活。

管理人才说起来简单，做起来难。**成功的人才管理者能够最大限度地激发出员工的潜能。**成功的人才管理者是像磁铁一样富有吸引力、号召力，其他人愿意为其效力。

他们将成功归功于别人，将失败归咎于自己；

> 对于公司其他部门来说，他们是人才的生产者而不是消费者；他们培养员工对他们个人以及公司的强烈忠诚度；他们拥有足够的自信，乐于让有天赋的人待在自己的周围，充分发挥他们的天赋。

为优秀的人才管理者效力的时候，人们通常会这样描述自己的经历："没想到我能完成这么多工作。""团队合作的感觉非常棒，人与人之间的联系很密切。"优秀的人才管理者有能力通过开发人才、鼓舞人心来完成工作；他们也坚定地认为，人们应该在工作中找到乐趣。

任何一个有思想的领导者都不会否认人才的重要性。人才管理不只是一个口号，也并不是一个象征性的项目。通过研究我们发现，在具有卓越领导力的公司中，领导者通常将 30% 的时间花在处理人才问题上，包括认真审核候选接班人，积极参与培训和开发项目的设计和实施，与有潜力的人建立联系，在董事会和高层管理会议上讨论人才问题等。

领导者要设法让公司上下的人不仅感到智力上被调

动，也要感到个人对组织目标有所贡献。很多书籍都探讨了如何提升人才资源，我们将其整理为 6 项决心，这有助于帮助人才发挥出最大可能的效能。为什么这里要用“决心”，而不是“原则”或“准则”呢？我们喜欢“决心”这个词，是因为领导人才需要一种有意志力的行动，需要鼓起勇气来主动变革，就像新年伊始下定的决心一样。

沟通，沟通，再沟通，重要的信息说 10 遍

一家领先的公司在 10 年时间里不断更新绩效管理系统，总是在尝试使用最新的评估工具，但这对绩效的提升却毫无效果。经过简单的研究后我们发现，真正的问题在于，该公司的领导者没有与员工就绩效问题进行坦诚的交流。无论采用哪一种评估系统，领导者总是想避开任何负面的反馈。这是沟通层面的问题，是任何新的绩效评估工作或评估系统都无法解决的。如果领导者的确希望留住并开发自己所信赖的人才，就需要与员工开诚布公地进行交流，进行双向对话。

在针对沟通问题的研究中我们发现，员工几乎总是声称他们渴望更多的沟通。这种渴望是合理的：他们确实有理由知道为什么在这里，公司对他们的期望是什么，他们如何努力来实现既定目标。

> 要提高沟通能力，就要提醒自己：明确想说什么（内容），为什么说这些（支撑数据，或问题、挑战和机遇的实质），对谁说（要认识到谈话对象可能不同），什么时候说（适时）。

如果沟通的目的是最大限度地调动他人的积极性，获得他们最大的投入，那么最佳的方式就是集中关注几个优先事项，解释这些事项重要的原因。如果关注的事项过多，人们就不知道该做什么，如果没有解释原因的话，人们就会疑惑为什么这些事项如此重要。只要向他们解释原因，这些善意的人们就会采取行动。当人们知道了“为什么”后，才更愿意接受这些“事项”。

沟通的时候，要考虑听众的感受，考虑不同的场合。比如在会议室和餐厅这样不同的场合，需要采用不同的方式来传递信息，要学会在两个场合中都能顺利沟通。此外，仅分享信息还不够。人们通常希望做自己觉得有吸引力的事情，并且是在自己能力范围内的。作为领导者，你不仅要分享理智的想法，还要分享自己的情感和故事。

沟通大师在传递信息的同时也分享了个人的例证，使得信息个性化，可供他人参照。

◆◆ 案例

雷·维日比茨基（Ray Wierzbicki）担任威瑞森（Verizon）公司的职业服务负责人时反复强调，他希望自己的下属能“蹦跳着去上班”，他用父亲的故事完整地诠释了他的意思。

他的父亲是一位波兰移民，每周 7 天都在自己位于新泽西的小百货店里工作。维日比茨基说，父亲从来没有一天在工作时心情糟糕，因为他对工作的态度十分积极，甚至会“蹦跳着去工作”。当然，这并不意味着领导者只传递好的消息，维日比茨基总是愿意将挑战完整地摆在下属眼前。沟通大师会公开、直接地分享好消息和坏消息，为坏消息引咎自责，而与他人分享好消息的功劳。讲故事就是在创造一个情境，以历史为基础，创造出未来。

最后，即使你已经厌倦了反复说的那一套，你也要保持信息传达内容的一致性，每次都做好准备，准备把重要的信息说 10 遍，抓住每一次机会，让信息被听到、被理解，直到信息被传达到位。这种带着“决心”的沟通方式，如果你真正做到了，你就能发现人们会更加重视你所说的内容，认真听，并按其行事。

将员工目标统一于公司战略

组织成员要集体协作，朝着共同的目标前进，与此同时，个人也需要能够表达自己在团队中的个性身份。**成员要能以统一的声音来面对市场和顾客，但仍然需要能作为个体发声；要朝统一的方向努力，也要以一种非常个人的方式与组织的战略宗旨建立联系。**人才管理的一个重要技巧，就是将这些看似矛盾的方面协调起来。

> 一位高层领导者告诉我们，每当介绍新成员进入自己的团队时，他就会对这些成员说："如果你的想法和我的类似，那么我们中的一个就是多余的，而这个人不可能是我。但是，一旦我们做出决定，我们就得一致向前。"

人才管理者要发现那些拥有不同技巧并能朝着同一个战略目标前进的人才。要做到这一点，人才管理者就要设定一个共同的战略宗旨，来帮助每个人达到各自的具体目标。

◆◆ 案例

在赫曼米勒公司（Herman Miller）中，研发部门的人希望提高办公室家具的科学性；营销和销售人员希望明确识别并满足顾客需求；制造部门的人希望制定有效的六西格玛流程；财务部希望确保经济回报；而首席执行官布赖恩·沃克（Brian Walker）鼓励每组人员做好各自领域的工作，同时希望通过共同的目标将每个人都联系起来，这个目标就是“创造良好的生活、工作和休息场所”。每个人都知道自己和他人对目标的作用和贡献。

让团队中的每个成员明确自己在未来 60 天或 90 天的目标，这虽然很简单，但非常有效，可以帮助员工根据战略进行调整，评估自己执行战略的进度。明确目标后，团队成员公布自己的列表，这样，任何一个成员就都能评价其他成员的目标，并提出修改意见。接下来，团队成员对同伴的反馈进行讨论，并做出相应调整。通过上述方法，成员就加深了自己对战略的理解，可以了解到个人能对战略和团队做出的贡献。**公开讨论个人目标，允许人们拥有不同的个性倾向，不但为成员创造了共同的宗旨，增强了他们的集体感，还有助于团队成员加强彼此间的联系，实现各自的具体目标。**

当拥有不同技巧的个人为一个共同的组织目标而团结起来时，一些深层次的联系才得以建立，这不仅在员工的短期目标与战略之间建立了联系，而且在员工的职业身份感与企业之间也建立了联系。我们对人们的最佳职业状态进行了调查（最佳职业状态指的是人们职业生涯中感到自己处于巅峰的特殊时刻），结果发现了以下 4 个普遍的主题：

- 为了共同的目标团结协作，这让每个人都充满活力；
- 不管是什么行当，人们都喜欢感到自己是该领域的专家；
- 需求越重要，满足需求的热情越高涨（“与众不同”可以作为组织的信条）；
- 最佳职业状态寥寥无几，大多数人仅只是描述和渴望这种状态而已。

人才管理者的工作就是帮助人们将自己的最佳职业状态与组织的目标联系起来。如果员工的职业身份在于设计创新，当他的创造力转化为组织可以推向市场的产品时，他就有了最佳职业状态的体验。当个人的渴望与组织要求匹配时，人们就会意识到，做组织最需要的事情，才最有可能获得自己最想要的东西。专栏 3–1 提供了一个简短的练习，帮助评估员工对组织的投入程度和参与程度。

◆◆ 专栏 3-1　员工投入度调查

本调查旨在探索你对团队的投入程度和参与程度。以下给出了关于如何看待组织的陈述，请根据你对所在公司的理解打分。

得分范围：1 ～ 10

愿景

我们公司拥有清晰的愿景和宗旨，我为效力于这样的公司而骄傲。　1 2 3 4 5 6 7 8 9 10

机会

我有机会学习和成长。　1 2 3 4 5 6 7 8 9 10

激励

我的回报与我的绩效挂钩。　1 2 3 4 5 6 7 8 9 10

影响

我做的工作确实能给公司带来不同。　1 2 3 4 5 6 7 8 9 10

集体

我是高效团队的一分子。　1 2 3 4 5 6 7 8 9 10

沟通

我感觉我知道公司正在发生的事情。 1 2 3 4 5 6 7 8 9 10

主人翁

我在工作中有灵活性。 1 2 3 4 5 6 7 8 9 10

总分：____

有位首席执行官想要帮助公司向前迈进，但是他不断地受到挑战——要变得“更有远见”。这位曾受过技术训练的工程师为人低调，他私下坦率地跟我们说，他更愿意制定一些具体目标，而不是勾勒愿景。经过多次教导（和几次威胁），他终于能够以自己低调的方式公开传达自己对公司和员工的真实情感。这种做法在员工身上产生了立竿见影的显著效果。员工以一种新的方式与领导者和公司建立了联系。如果这位领导者大肆宣扬自己的愿景，而没有丝毫特点，那必定会招致更多的讽刺，而不是更多的投入。幸运的是，他找到了一种真实的、合适的方式将个人的长处融入组织要求中。**如果领导者的行事方式与个人风格不符，这就是领导者的问题了。**

组织要求领导者与人才建立联系，这一做法最具挑战性的地方在于，作为领导者，要完全欣赏不同于自己的人。通常，我们有意无意地与跟我们相似的人待在一起。我们与处于同一社会阶层的人做邻居，我们的孩子与背景类似的孩子上同样的学校，我们与孩子朋友的家长见面，我们在社交中一般倾向于结交那些拥有共同专业兴趣或个人兴趣的人。事实上，任何一种体形、身高、年龄、性别、种族、地域和个人风格等的员工都可能成为有才能的员工。领导者要警惕上述这种倾向。

人才管理者要承认一个事实：对待不同的人，要采取不同的方式。虽然历史上也有“少数群体”能在组织中上升到一定的级别，但是他们也许还是被放错了地方，没有放在真正需要他们的地方。你可以将他们的职位再提升一些，或者让他们扮演过去很少由少数群体扮演的角色。诸如在高盛和德勤这样世界一流的公司中，领导者真正领悟了领导力密码并不折不扣地履行，当着手处理艰难的人才问题时，他们鼓励各种形式，鼓励多样性。

◆◆ 案例

在高盛，当一个“圈外”团队中一位有才能的成员没有成功时，高层管理人员就会询问涉及的经理，他们会问一些很尖锐的问题，最特别的问题是：“如果这个行动、行为或结果与‘圈内’团队成员有关时，你会如何看待这个失败？”这时，资深的领导者就有影响力主动变革，而多样性培训师则没有。领导者的动机不仅在于促进公平，也不仅是因为道德，实际上，这是对股东负责。美国著名研究机构 Catalyst[①] 研究证明，如果一家上市公司的高层领导者中有相当数量的女性时，比如女性担任 20% 的公司高管，这样的公司比同行的净资产收益率要高出 35%。这并不是说女性商业领袖比男性更优秀，而是说公司的文化和人才体制足够开放，能让最有能力的人上升到一定的位置，做出自己的最大贡献，不管这个人是谁。当然，要衡量其他职场少数群体的

① Catalyst 是一家全球性非营利组织，致力于与世界上一些最有影响力的公司合作，帮助建立适合女性的工作场所。——编者注

影响，还需要做类似的研究。

当管理人才的重任落在高级管理人员身上时，尽管他们的初衷也许很好，但他们的感知可能受到自己的职位、经验和人口统计数据的局限。坦白说，高级管理人员通常最容易忽视内在偏见。在一个组织中，对于“个人差异是否得到尊重”这个问题，同质化的高层团队给出了 4.6 分（总分 5.0 分），但是当其他各种各样的少数群体给出回答的时候，领导者就高兴不起来了。这些群体包括妇女、少数民族、单亲家庭等。很明显，在处理职场多样性问题时，高管们不知道自己不知道什么。调查“圈外”团队的成员就是对抗这种综合征的好方法。问问这些人在组织中的工作如何，也可以消除最直接影响他们的障碍。

◆◆ 案例

我们合作过的一家公司从一开始就强调统一性，而不是使差异最大化。首席执行官和团队明确了少数几件关键的事情，对此每个公司员工都要相信并付诸行动，包括基本的信念，比如服务顾客、运作可盈利的项目或业务、尊重他人等。

> 这家公司的领导者认为，每位员工都要相信并践行这些核心的统一信念，而除此以外的其他任何观点都可以不同，而且应该不同。实际上，一旦有了统一性，他们就会鼓励差异性了。

提升团队的工作胜任力

领导者要在正确的时间将带着正确技能的正确的人安排到正确的工作中。这其中一个显而易见的需求就是领导者要系统地将职位要求与个人的工作能力匹配起来。**如果要明确岗位要求，首先就要检查岗位的产出成果或胜任的必要条件**。研发部门经理必须创造、生产一系列具有创新意义的产品或服务；营销部门经理必须从目标客户身上创造收益；IT 部门经理必须构建信息技术系统，帮助公司制定更好的决策。这些要求来自人们在公司中的角色，也来自公司对角色的期望。**接着，你需要明确交付这些产出成果所需的工作能力**。对于创新的研发部门经理，他需要展现哪些知识、技巧和能力？明确岗位要求的具体工作能力，将有助于你将个人能力与岗位要求对应起来。

明确了岗位要求之后，审视员工的个人能力，并且将个人能力与岗位要求匹配起来。培养任何一个员工的能力，关键在于两个问题：

- 员工的个人长项是什么（工作能力、倾向、才能）？
- 你如何利用或开发这些能力以服务他人？

作为领导者，你可以成为员工的教练、导师或支持者，确保员工认识到自己的能力、培养自己的能力，以便符合岗位要求。

要回答第一个问题，你就要帮助员工认识到自己哪里做得好，哪里做得不够好。每个员工都有自己独特的技术、社会技巧、才能和倾向。

> 我们合作过的首席执行官在策划人才评估时，总是要看看最顶尖的 3% 的员工。他会在评估中看看这些员工的教育和职业背景、个人兴趣和职业成效，审视员工的技巧。

尽管把员工限定于他们的历史角色有点危险，但这有助于领导者了解员工给公司带来了什么。领导者要与员工进行坦诚的交流，帮助他们发现自己技巧中的盲点。

第二个问题的关键在于员工个人长项与正确的岗位角色匹配。职位描述包含岗位要求，个人的工作胜任力评估可以表明个人成功和成长的机会有多少。在理想的情况下，员工的工作不但符合他们目前掌握的技巧，而且能帮助他们开拓能力。这意味着，在员工的职业初期阶段，领导者要为他们提供不同行业、不同国家或不同商业环境的工作任务，给他们提供学习和成长的机会。一旦你决定提升员工胜任工作的能力，你将会帮助组织中的个人成长和发展。

提供足够多的资源，降低员工的职业倦怠

◆◆ 案例

临床心理学家温迪·尤里奇（Wendy Ulrich）对青少年抑郁进行了一项研究，结果发现，青少

年获得资源的多少在很大程度上决定了他们面临高要求时的应对能力。青少年面对的要求包括学业（分数）、工作职责、从父母身边独立、同伴压力、社会职责（比如驾驶）和个人身份认同。有人可能会想，青少年抑郁的原因是人们对他们的要求过高，但事实并非如此。

如果资源能够满足要求，青少年能够保持平衡，能够应对人们的高期望，情况就会有所不同。这些资源包括家长的支持、同伴的赞同、老师或其他成年人提供的帮助、技术、自主性、控制、认知能力和个人才能。如果青少年面临高要求，但缺乏必要的资源，他们就会变得内向、孤立、抑郁。而面临同样的要求，但拥有足够资源的青少年就能很好地应对，不会抑郁。当资源与要求平衡时，青少年就能达到平衡。

我们也能够从青少年身上学到东西。当今商业世界对参与者提出了很高要求，包括全球化、技术、变革、人口、竞争、顾客和金融市场，很少有人能跑完 30 ～ 40 年的职业马拉松而毫发无损。加班导致体力透支、易怒、饮食过度、失眠，以及一堆慢性疾病，更不用提婚姻关系紧张或破裂、孩子与你疏离了。一旦压力过大，任何一个人都可能陷入抑郁或职业倦怠状态。员工需要足够的资源来应对高要求。

领导者的工作就是认识并减少不明智的要求。比如，当工作成果并不要求员工上班打卡时，就不要求员工打卡，不要求员工坐班。不要为开会而开会，不要为错误的事情而制定政策，在简单的流程足以满足要求的时候，无须建立复杂的流程。另外，还有很多业务要求是不可避免的，领导者的工作就是要帮助员工找到资源，以便应对这些要求。

要想获得他人的参与、合作、创新、能量和生产力，就要想办法给他们提供资源，以应对压力（如图 3-1 所示）。可以提供给员工的资源有很多。技术帮助他们彼此联系，变得更有效力；培训帮助他们学习新的思维方式和行动方式，应对不断上升的压力；在充满压力的工作环境中，团队成员的互相关心能够提供情感和社会支持；工作时间和职场制度上的自主性和灵活性，比如假期和着装，能够让员工感到自己能掌控自己的工作和生活。研究表明，自我雇用的人工作时间更长，对工作更上心，因为他们感觉到自己更能控制自己的工作和生活。鼓励组织成员享受职场之外的生活，能够提升员工对公司的信任和投入；确保员工带薪休假，鼓励员工在工作时间摆脱过长的电子邮件和电话，有足够的时间和空间完成些真正的工作；支持员工改善饮食、培养锻炼习惯，以便创造另一种资源来应对压力。

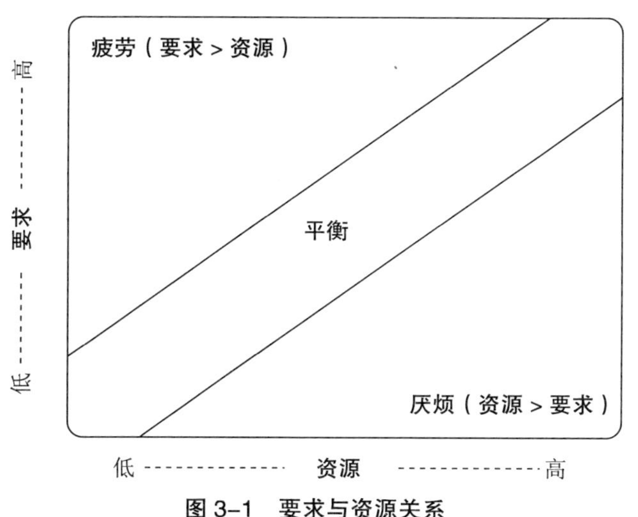

图 3-1　要求与资源关系

人才管理者要给员工设定很高的期望，因为高期望可以帮助他们拓展自己的能力，但同时也要给他们提供必要的资源，以便应对这些要求。

以身作则，打造积极向上的工作环境

我们中大多数人的工作环境充斥着负面信息、任人唯亲、宿命论、办公室政治和自恋情结等，很少有人愿意待在这样的环境中，而留下来的最后结果就是人员的生产效率下降。他们会花费更多的时间关心自己、保护自己，而不是识别客户需求，服务顾客或投资者。

领导者决定了人们对工作环境的感觉的基调：让员工感觉到这是公司文化，还是只是一个特别小组。

像马丁·塞利格曼（Martin Seligman）[①] 这样

① 美国心理学家，曾获美国应用与预防心理学会的荣誉奖章、终身成就奖，代表作《活出最乐观的自己》简体中文版已由湛庐引进、浙江教育出版社于 2021 年出版。——编者注

> 的积极心理学家认为，人们在积极的氛围中能够发展壮大，是因为人们把注意力放在正确的事情上，而不是错误的事情上。在对积极心理学[①]的研究中，他们深入研究了世界上大多数具有主导地位、影响持久的宗教，寻找宗教最根本的前提和共同的原则，结果发现很多宗教有一套可以辨认的、持久的精神修炼准则。稍微思考一下，这些想法就可以调整并应用到工作环境中，在工作场所中注入精神准则会营造出一个积极的环境。

精神准则是什么？**第一，精神准则是源自创造力、好奇心和开放思想的智慧和知识**。知人善用的领导者能够帮助他人学习和成长，为他们提供发展机会。**第二，精神准则是简单的勇气：面临困难时的坚持和正直**。在制定决策和采取行动上，领导者要以身作则地展现出勇气和魄力。**第三，精神准则是人性**。这指的是在组织中用仁慈和友爱来对待员工，在充满人性和关怀的环境中，进行商业经营。**这也体现在了第四项精神准则中，即公正或普遍公平**

---

① 旨在帮助人们找到内心的心理能量，使人们在遇到困难时不会轻易落入忧郁的状态，积极想办法解决问题。——译者注

感。与此相关的是**第五项精神准则，即温和，拥有仁慈、谦逊和谦虚的美德**。在一个温和的组织中，员工可以犯错，但仍然能够成长。**最后，或许也是最重要的，领导者能够帮助员工超越平常的事物，在工作中看到更伟大的宗旨和意义**。这种“超越”源于感恩、希望和幽默感，能够在日常生活中发现美。

这些美德能够塑造一个积极向上的组织，有助于保持员工的身心健康，提升员工的生产效率、团队凝聚力和创新能力。如果领导者能够以身作则地进行这些精神修炼，员工也会以你为榜样来练习。当员工有一个积极的工作环境时，他们就更可能留下来，工作会更富有成效，并且他们会成为吸引未来员工的积极源泉。

让工作充满乐趣

◆◆ 案例

在为期 6 周的艰苦工作的中期，一名高管和自己的团队召开了会议。他们回顾了收益的持续下降、产品发布的延迟、顾客信心不断下降以及股票价格下跌等情况，这时，整个会议室里充满着压力。尽管整个团队都在努力工作，但业务仍在持续下降。媒体报道批评他们作为管理团队能力不足，这更增加了他们的压力。会议进行了半小时，首席执行官停顿了一下，打趣问道：“我们找点乐子吧。在过去的24小时里，谁的工作经历最糟糕？”大家都戏谑地说起自己近期最糟糕的经历，这至少缓解了一些压力。这位首席执行官用幽默化解了僵局，让团队获得了情感的宣泄和精神的放松。虽然这种短暂的停顿并没有解除领导者所面临的挑战，但至少让他们更容易去面对挑战。

人才管理者帮助员工重新振作、重新充电。这种振作可能源自鼓舞人心的愿景、手头的工作，或者一种令人振奋的目标感，而有时源自简单的乐趣。人们通常需要情感的暂时休息，以便释放压力，吸收新的想法。乐趣的确能够使得团队协作更快乐，从而提高士气。

乐趣的定义可能因不同的人、不同的文化和不同的环境而有所差异，但是有很多方法可以将乐趣带到工作中：

- **幽默：**幽默通常因人而异、因时而异，但是如果人们能轻松地对待严肃的话题，往往能多出点幽默效果。
- **庆祝：**有些领导会找各种理由庆祝，比如生日、假日或其他重要活动，这些活动可以助兴，表示对成功的认可，并且予以强化。如果这些庆祝活动也邀请了顾客和家庭成员，就会营造出一个跨界的工作环境。
- **活动：**领导者可以支持活动，将乐趣带到工作场所中。这些活动可以是公司内部活动，比如座谈会；可以是社区活动，比如社区服务；也可以是特别活动，比如公司野餐。
- **竞赛：**精心设计的竞赛不仅可以集中注意力，还可以以共同的目标为中心把人们组织起来。一名高管让他的团队开展一项竞赛，寻找过去 90 天里最无用的报告。通过提名，该团队发现了很多价值不大的报告。

- **奖励和认可：**在对“胡萝卜原则”的研究中，阿德里安·高斯蒂克（Adrian Gostick）与切斯特·埃尔顿（Chester Elton）证明，认可项目可以用于塑造员工行为。他们深入研究了领导者如何通过奖励和认可良好的工作业绩来强化好的表现，并提供了 100 多种认可员工的方法，比如商务旅行、私人留言等，这些都会让员工感到领导者对他们工作的欣赏。
- **象征：**一名高管是杜克大学蓝魔[①]的校友，他开创了“蓝魔奖”，即对于工作表现优异的员工，赠送一个蓝魔玩具，并附有一封他的感谢信。这种个人奖励也成为一种象征，表示高管对良好的工作表现的关注。获奖者也会非常重视这份奖励。
- **虚怀若谷：**有些领导者过于看重自己，对自己的角色和身份非常骄傲；而有些领导者在接受自己领导角色的同时，谦卑地对待工作。他们随时准备分享成功，承认自己的弱点。

---

① 蓝魔是杜克大学篮球队的标志。——译者注

- **健身中心：**团队和个人的运动可以帮助员工获得能量。作为领导者，可以赞助团队，建造健身中心，鼓励人们锻炼身体以保持健康，帮助人们在工作中发现更多的快乐。
- **礼宾服务：**有些公司为长时间工作的员工提供礼宾服务，包括料理生活中的琐事，比如干洗、票务预订等等。在工作中提供这些服务，可以使员工更专心于自己的工作。

决心将乐趣带入工作场所中的领导者并没有轻视严肃的业务问题，他们通过创造积极向上的环境，鼓励人们提高工作效率。

在今天的这个互联网和知识经济时代，没有人会否认人才的重要性。优秀的人才是思想的源泉，但要发现、激励和留住人才，领导者就需要学会培养和开发他人。要做到这一点，领导者可以了解并应用我们推荐的方法。一般来说，当你设身处地地对他人的生活和成功感到骄傲，并且给予他人尊重时，你就会激发出更多的善意和忠诚。最终，员工个人的工作满意度增加了，他们会更加投入地去工作，工作效率会提升，他们也会更好地履行职责。

请访问 www.leadershipcodebook.com，该网站上有一段戴维·尤里奇的视频，更加完整地解释了如何激励人心，以及如何成为更优秀的人才管理者。

THE LEADERSHIP CODE

FIVE RULES TO LEAD BY

领导力密码 4

培养接班人，投资未来的人才

人力资本开发者会在下一代人才身上投资。今天的人才很重要，但明天的人才同样重要。投资于下一代人才的领导者是对未来投资，创造可持续性，确保薪火相传。如同经济资本、信息资本和关系资本一样，人力资本也需要被提升。在投资未来的人才时，你需要应对多重挑战：婴儿潮一代人即将退休，新一代年轻人进入职场，来自中国和印度等地的全球人才崛起。你也会知道，如何去应对这些挑战。**衡量领导者成功与否的标准就在于他是否培养了领导力，是否培养了下一代领导者。**卓越领导者最终会使得他人变得更加卓越。

在这方面，开发人力资本的领导者就如同好的家长，他们将巨大的精力投入到孩子身上，为孩子创造更多的机会。好的家长为孩子提供学习和成长的机会，提升孩子特有的个性，鼓励并教导孩子如何发挥自己的全部潜力，为孩子的成功而高兴，为下一代塑造高质量的生活。卓越领导者正是这样对待下属的：他们通过教导和支持来帮助员工学习和成长，并且为员工的成功而高兴。领导者角色的一个重要方面就是培育下一代员工。

说到未来人才，“人才之战”这个比喻已经很泛滥了。但这种描述是错误的，因为这将问题限定于零和博弈中，似乎人才竞争只有赢家和输家，但事实并非如此。一个孩子不必打败另一个孩子来取得成功，每个孩子都能通过开发各自独特的天赋来取得成功。同样，培养下一代人才的领导者参与的是一场有意义的长征，而不是战争。这种奋斗基于全心全意的价值观，创造的是双赢的解决方案，而不是或胜或败的结局。其成功源自帮助员工识别并开发自己的天赋，做好自己特定的工作。人力资本开发者要确保未来的人才做好抓住未来机遇的准备。他们试图将今天的人才与明天的职位相匹配，以确保组织获得持久的成功。如果领导者履行了我们建议的 5 项承诺，就能确保他们后继有人。我们之所以用“承诺”这个词，是因为这个词以未来为导向，它指的是会成为什么样的人才，而不是今天的人才是什么样。

把正确的人放在正确的岗位上

成功要求在正确的时间，将拥有正确技巧的人放在正确的位置。一旦明确了战略，就可以将关键职位标记出来，明确用哪些人来填补这些岗位。这就要求领导者区分人员和职位。公司中有些职位比其他职位能带来更多的顾客份额和经济收益，而有些人在实现业务成果方面能力更强，有些人则能力较弱。对人员和职位的区分不仅要求领导者有勇气进行困难的区分，而且要求领导者有足够的洞察力，明白关键职位和关键人员的标准。

关键工作岗位。该岗位有很多称呼——重要职位、创造财富的工作、一等职位等。关键工作岗位指的是对公司发展来说至关重要的财富创造工作，是真正能影响公司成功的特定工作。

在技术公司中，关键工作岗位可能是通过研发追求创新的研究岗位；在零售公司中，关键工作岗位可能是提升顾客体验的一线岗位；在投资公司中，关键工作岗位可能是提供有关金融市场敏锐见解的技术岗位；在新兴市场中，关键工作岗位可能是了解当地情况的营销岗位。诸如此类。作为领导者，要界定关键工作岗位，将最优秀的人员安排到这些岗位，并开发他们。

关键工作岗位并不总是那么显而易见，我们的同事迪克·贝蒂（Dick Beatty）以航空公司飞行员的例子说明了这一点。

◆◆ 案例

试想一下：选择航班的时候，你会因为飞行员的素质而选择该航班吗？答案是否定的。事实上，你的选择是基于登机口人员的服务态度，或者航班的准时记录，这基本上属于地勤人员的工作内容。顾客关心机票预订是否简单方便，航班是否按时到达目的地，价格是否最优。在美国西南航空公司中，乘客可能因为听到空乘人员的一个玩笑，就忘记了经济舱的拥挤。乘客们默认每家航空公司的飞行员都有同样的安全飞行技巧。只有那些能被区分的工作，才会影响消费者的决策。

对于真正重要的岗位，你需要最优秀的人员，他们有能力让公司在关键顾客的心目中与众不同。要想获得最优秀的人才，首先要设定清晰的标准，明确对人才的期望，然后搜寻、筛选并牢牢锁定潜在员工（这些人可能还有别的工作选择），帮助他们适应工作并积极投入到工作中去。

比如，假设你想通过产品创新来实现增长，在明确战略后，你就要考虑，公司的核心技术能力是什么？关键工作岗位可能就是那些推动核心技术能力的岗位。

在这个案例中，关键工作岗位可能是类似软件设计师这样的重要职位，他们肩负着创造新产品或新服务的重任。这个团队的一部分人可能在中欧，另一部分人在美国，还有一部分人在南

> 亚。你要找到有能力设计产品的未来员工，也要找到知道如何协作、联络和沟通的人，以便合理配置团队成员，而不管时间、距离、语言、文化、习俗、种族或性别等因素的差别。

未来最优秀的员工要具备超越前人的技术能力和社交能力，这些稀缺的人才非常有价值。劳动力计划要界定这些关键岗位，找到并确保正确的人被安排到关键岗位中去。

由图 4-1 可知，不同的角色为组织提供不同的价值，所有工作都能被划分为三种类型的工作岗位。

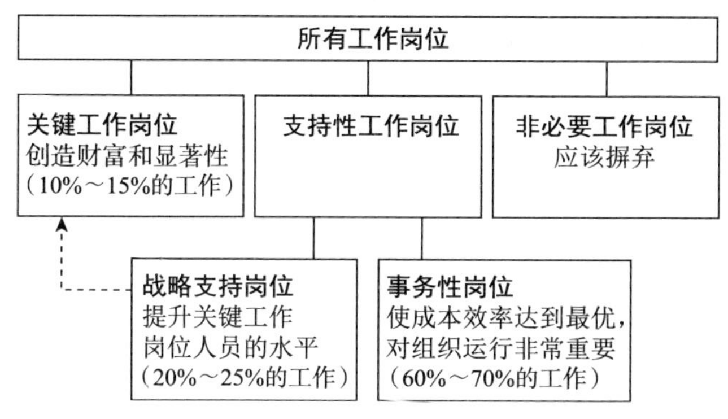

图 4-1　所有工作岗位都是不平等的

- 关键工作岗位
- 支持性工作岗位
- 非必要工作岗位

通常，只有 10% ～ 20% 的工作真正发挥着创造财富的作用。大多数非常高级的管理职位都应该被列在关键工作岗位之内，因为他们可能影响很多人。然而，关键工作岗位也可能存在于级别相对较低的角色中。比如，在星巴克，咖啡师的工作就很关键，因为他们是为顾客创造消费体验的人。在一家制造公司中，流程控制工程师的工作很关键，因为他的工作影响生产和正常运行。而其他的工作人员就是为关键工作人员提供支持，或者把关键工作控制在最优成本效率的水平，使得公司能在行业中立足。提供战略支持的工作能够提升关键工作人员的能力，使得他们更有效地完成工作。而事务性工作更加常规化，但是它们使成本效率达到最优，这对组织来说是很重要的。

关键问题。领导者要思考以下三组问题，以便将人员与职位匹配起来：

- 在未来的 5 ～ 10 年，哪些关键工作能给业绩带来最大的影响？如果尚不明确，如何才能发现？
- 你是否将正确的人员安排到了关键的工作中去？有多少比例的关键岗位是由合格的人员来负责的？有多少比例的合格人员可能有离职的风险？
- 关键岗位由合格人员负责的比例有多少？你的后备人才的比例是多少（能进入关键岗位的合格人员的数量除以关键岗位的数量）？

将一等员工安排到一等岗位上，就可能产生至关重要的业务结果，帮助最优秀的人员参与到未来的创造中去。如果将一等员工安排到三等岗位上，他们就无法影响业务结果，你就可能失去一等员工，因为他们可能在别的地方获得新的机会。如果将三等员工安排到一等岗位上，你就可能贻误业务机会。表 4-1 的矩阵可以帮助领导者进行人员与岗位的匹配。

表 4-1 关键工作岗位矩阵

员工	职位		
	一等	二等	三等
一等			
二等			
三等			

相比以往，今天的人力资本竞争有着更为复杂的劳动力人口统计学特征。未来战略需要的员工可能性别、年龄和教育背景不同，可能来自全球。当你花时间认真思考这些人口统计学的问题，你就更有可能获得最优秀、最聪明的员工。通常，在生活和工作中，围绕在领导者身边的都是行事风格与自己相似的人，他们活在自己的小圈子里，不太关注那些不同于自己的人的特定需求或期望，而正是这些人组成了未来的劳动力。

领导者要为组织制订一项劳动力计划，该计划中要有关键的职位和人员，要反映组织战略；领导者还要定期评估劳动力计划，就如同评估战略或组织计划一样频繁。

创造一致的公司品牌和雇主品牌

与众不同的公司品牌可以吸引诸多重要的利益相关者：顾客或客户、投资者、社区群体和员工，其中员工是最重要的。雇主品牌与公司品牌相关：公司如何为员工做出承诺？强大的雇主品牌会向当前与未来的员工传递信息，告诉他们应该对这家公司的工作有何期待。雇主品牌的结果可能是有的员工不选择该公司。比如，对于迪士尼工作的申请者而言，如果他不认为面带微笑地问候并服务不修边幅、有工作压力的客人是一件开心的事情，那他可能就做不好这份工作。同样地，肆意挥霍的人也不适合在沃尔玛工作。

当你向未来人才表明兴趣时，你需要仔细地想想公司的雇主品牌。

你想要对在公司工作的员工承诺什么？这些员工应该从你那里期望得到什么？当员工表现出色时，他们会有什么回报？大部分有才能的员工有很多工作选择，你如何让自己的公司从众多公司中脱颖而出成为好的雇主？什么可以吸引最优秀的员工为你效力？什么能让员工为选择你们公司而骄傲？你想让他们对自己的朋友或同事如何表述与你共事的感觉？

你不需要单独回答这些问题，但是你要确保自己心里有答案。而要想知道答案，可以先问问顾客类似的问题。之所以能进行这样的品牌类比，是因为公司为顾客呈现的身份应该仿照公司对员工呈现的身份。雀巢“优质食品，美好生活”的标语，暗示员工应该保持健康的生活方式，包括营养、饮食和锻炼，体现了该公司对食品和生活的承诺。

仔细审视一下，是否体现并践行了自己宣称的雇主品牌。你想让他人做什么事情，自己首先就要在这些方面成为模范和象征。如果你说你想要创造力，那么你的行为和行动就要是独特的、有创造性的。如果你说你很注重效率，那你在选择上就要简化。没有什么能比领导者的虚伪更快地摧毁雇主品牌了。**如果你不能践行对他人的要求，那么他人也不会实现对你的承诺。**

通过建立雇主品牌，你可以对现在和未来的员工做出承诺，让他们知道在工作表现出色时他们可以得到的回报。

成为员工的职业生涯规划师

要开发未来员工，就要帮助员工了解自己的职业机遇和公司的未来需求。我们在密歇根大学教授为期两周或四周的高级管理人员培训课程，该课程学费昂贵，公司和个人都要投入巨大的金钱和时间成本。我们发现，上课的学员中只有不到 20% 的人与自己的领导者进行过职业交流，讨论该课程是否符合他们的职业兴趣。这是多么大的浪费！

要培养人力资本，领导者就要与员工进行坦诚的、具有前瞻性的有益交谈，了解他们想要什么，以及能够从职业中期望什么。通常，领导者不会与员工就他们的职业和表现进行交流，这其中的原因有很多，比如，领导者不想提升员工对特定工作的期望，抑或是领导者不想谈论自己不能控制的事情。通常，领导者没有一个好的框架和语言来谈论职业发展问题并让员工受益，特别是对专业人士而言。

职业阶段。我们开发了一个职业发展模型，方便领导者与员工进行职业交流。该模型基于吉恩·道尔顿（Gene Dalton）和保罗·汤普森（Paul Thompson）对专业人士发展 4 个阶段的描述，它能够帮助人力资本开发者为组织中的个人提供发展机会，并且界定组织在人才管道开发方面的差距，图 4-2 描绘了这四个阶段。

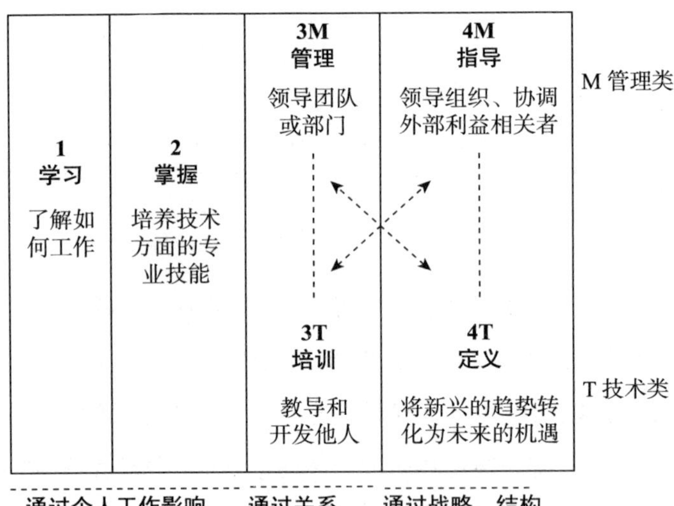

图 4-2 职业发展模型

职业发展模型可以帮助专业人士明确职业发展目标，了解如何在现在所处的阶段表现出色。该模型表明，在每个不同的阶段与轨道，专业人士被期望履行的任务、他们构成的关系以及要做的心理调整也不同。

- **在第一个阶段，员工依赖他人，在他人的指导下工作，协助更有经验的人，比如老板、导师或教练，向他们学习。**工作并不是完全独立的，而是由上级分派的任务组成，这些任务是规模更大的项目中的一部分。在这个阶段，员工受到资深专业人士的密切监督指导，领导者期待员工心甘情愿地从事团队中的细节和日常工作。
- **在第二个阶段，员工展现出自己有能力作为独立的个体做出贡献。**他们深入研究一个问题或技术领域，承担起项目、流程或客户中可界定的一部分任务。他们拥有专家的可信度和声誉，并且用快速增长的自信来开发更多内在和外在资源，在工作中取得成功。
- 进入第三个阶段的时候，无论是从技术轨道还是从管理轨道上而言，这些专业人士在自己的领域都已经做了足够多的工作，做出了显著的技术贡献，他们开始从自己的技术专业知识扩展到其他方面。**第三个阶段中的专业人士通过想法和信息来激励他人，以理念领导者、导师、团队领导者或管理者的角色帮助他人发展壮大。**

- 只有很少的员工能进入第四个阶段。**在这一阶段中，员工能为组织提供方向，通过正式或非正式的权力来采取行动，影响决策。**他们可能在公司内部和外部都代表了公司形象，能够支持其他员工，帮助他人为担任组织中的重要角色做好准备。尽管很多组织并不需要第四个阶段的技术人员，但对技术贡献有着强烈需求的组织可能有几个达到第四阶段的技术人员，他们为公司创造了显著的竞争优势。

该模型构建了富有成效的职业发展讨论基础，这样的讨论不是关于个别工作，而是有关整个职业生涯规划。该模型也能够帮助员工评估当前所处的阶段，了解自己是否想进入下一阶段：是进入另一个轨道，还是继续留在当前位置，做高价值的员工。一位知识工作者如果能与时俱进，及时跟进自己所在领域的变化，那么除了第一个阶段外，他在职业生涯的任何一个阶段都是有价值的。**职业阶段模型的价值在于能够帮助人们认识到，改变自己对组织贡献的类型和水平是能够进行内在权衡取舍的。**

当你帮助员工认识到自己的职业发展，并且能够规划自己的职业发展时，你就会发现组织的人才管道中可能存在的漏洞。比如，组织的未来管理者储备可能太少，不足以满足组织扩张的需求。你可能会认识到，在某个工作类别或工作阶段，有大部分人将在近期退休，这会带来严重的人才短缺。

作为领导者，要帮助员工理解职业选择和机遇，培养组织内的人才管道，并向员工承诺：在他们达到重要里程碑的时候，他们会得到发展机会。

甄选并留住关键人才

说到这里，似乎很明显，组织中的每个人都需要做一个星探，寻找优秀的年轻人。我们相信，未来人才的最佳来源是当前的人才。

◆◆ 案例

当我们询问参加研讨会的管理人员：“你认识的人中有没有能成为你们公司优秀员工的？”一般来说 80% 的人都会给出肯定的答复。通过社交和行业联系，他们知道有些人能在他们公司做好工作。当我们接着问：“你们中有多少人有计划地、有条不紊地联络这些潜在的未来员工，邀请他们加入公司？”几乎没有一个人回应。

对于重要的职位，可以邀请当前的人才来推荐人选，从而找到未来人才。当然，也要考虑多样性，不要雇用那些和现有员工很相似的人员。更重要的是，请现有的人才推荐未来的人才，他们会变得更加投入。在百货商店中，当有人在我们后面排队时，我们很少会换线路重新排队。

如果顶尖的人才帮忙吸引未来员工，那这位推荐别人的员工就更不可能离开公司。让现有员工参与寻找未来员工，那么你就能激励并且留住现有的顶尖人才，同时能够甄选并吸引优秀人才。这是一个双赢的结果。

一旦发现合适的人才，并且将其带入组织之后，就要坚持不懈地培养他们，不要让他们离开。教导与培训可以帮助员工了解如何相处融洽，如何取得成功。而委派和授权不仅能使个人强大，而且能使得组织发展壮大，这是组织培养人员的另一种方式，也能显示出组织对员工的信心。

与现有的人才谈谈他们想要什么。在《留住好员工》一书中，贝弗莉·凯（Beverly Kaye）提出了一个简单而深刻的想法，称为“挽留面试”。

> 对于有才能的员工，找时间和他们谈谈，告诉他们你欣赏他们的工作——这一点非常具有说服力，问问他们，如何能够让他们继续留在公司。一般而言，这不是正式的评估流程，这种谈

话向员工传达了价值和欣赏，为如何挽留他们提供了宝贵的信息。倾听他们的需求和担忧，这个行为很简单，但是却给他们提供了宣泄压力的机会，缓和了刚刚萌芽的离职冲动。

人力资本管理者会留给后人一些东西，因为他们投资的是未来人才，他们发现正确的人，帮助他们做好现在和未来的工作，帮助公司成为有吸引力的工作场所。

训练和指导。一般而言，员工要辞掉的不是公司，而是老板，这是一个不言而喻的真理。对于那些一等职位的候选员工，与他们保持联系尤为重要，而这种联系也不仅仅是他直接上司的事情。

关心这些员工的最佳方式之一，就是给他们提供正式的训练，让他们知道组织重视他们的长期发展。教练可以是组织内部人员，也可以是外部顾问，他们能够帮助未来员工改善行为、做出成效。

行为训练帮助未来员工了解行为选择和结

果。比如，如果大声喧哗或者过于温和，他们会被人如何看待？成效训练帮助新入职员工明确要达到的结果、他们要经历的工作岗位、获得提拔的可能性。这种指导对每个人来说都非常有价值，对于女性和其他少数群体而言，这种指导更为重要，因为他们不太可能从现有网络中获得指导和帮助。

大多数成功人士在职业生涯的关键时刻都有一个或多个导师，必须要有人来指导年轻员工驾驭组织中推动变化的力量（也称为“办公室政治”）。正确的导师也能给员工带来足够的曝光度，使得领导在制订接班人计划时考虑安排其到正确的职位。

委托和授权。我们来看看一位成功的主管人员的事例。

◆◆ 案例

一位卓有成效的主管人员将自己的成功归功于自己的老板和导师，他们从一开始就给她很多富有挑战性的工作，给她一些当时还不是完全有资格承担的任务，比如管理一个复杂的项目、处理一项棘手的顾客任务、在海外拓展业务等。她非常重视这些任务，导师对她的信任也增加了她对自己的信心，使她能够从成功与失败中不断学习和成长，没有这些任务，她就不可能有这样的学习机会。

作为她的导师，我们问她，是否会为下一代人才提供类似的机会。她仔细想了想说，她意识到自己并没有这么做。大任务通常有高风险，员工虽然有才能但是经验还不够丰富，她害怕员工会犯错误，导致公司的声誉或经济收益受损。因此，她通常会加以干预，防止有潜力的未来领导者做出糟糕的决策。实际上，这是危险的信号，她应该像自己的老板那样对待她的员工。

如果要培养有效的人力资本，你需要将工作委派给下属，授权他们，允许他们冒险，即使偶尔失败也没有关系，只要他们能够从中学到东西。委任意味着你交给员工清晰的任务，有明确的结果和责任，有必要的资源来完成任务。

当员工来问你关于项目的问题时，最好的回答往往是："你觉得呢？"通常，员工已经考虑了备选方案，就等着被领导要求推荐一个行动方案。了解了员工的想法，你就会发现，80% 的情况下员工能做出正确的决策。当他们判断失误时，你的工作就是帮助他们检查决策失误的原因，以便他们学习决策制定的过程。委任是培训和教授，而不是判断和评价。

授权指的是给员工提供知识、权力和激励，以便他做出好的决策。如果仅给员工决策权，但没有给他必要的信息来做出正确的决策，那么这是陷他于困境，而不是给他力量。要想授权员工，你不但要分享权力，还要分享知识。

◆◆ 案例

一个孩子获得驾照的时候，他就有了开车的权力。但是他的父亲没有给他足够的信息，没有告诉他在道路结冰的情况下如何驾驶。因此他第

> 一次在暴雪中开车时发生了一点小的意外。父亲的第一反应是责怪孩子的鲁莽，但很快就意识到，其实自己给了孩子权力，却没有教给他必要的知识，这很危险。作为领导者，你要确保被授权的员工同时得到了权力和信息。

分享激励。这也是最后一点。员工知道，高级主管人员和表现出色的个人应该获得更高的薪水，但有时，员工与高级主管人员之间的薪酬差距过大。比如，最近的一项研究表明，在美国，首席执行官的薪水是一线主管的200多倍，这时，又有谁能怪员工感觉苦涩，觉得没有得到授权呢？

告诉员工，当你不在公司时，谁负责公司工作，这就是给他们学习和成长的机会，以便他们做好准备，当领导机遇出现的时候，能够及时抓住。

鼓励发展组织内的社交网络

我们都知道，在自己工作的公司有个朋友，是我们留下来继续努力的主要原因之一。**作为领导者，你可以培育一个互相支持的同事关系，人们如果在工作中互相帮助，对组织也就有了情感上的维系**。对于吸引和留住有才能的女性和其他少数群体，这样的实践尤其重要，因为，这些群体传统上缺乏可以帮助他们在组织中晋升的网络。强大的社交网络也会带来更有效率的学习和更多的合作。

有些公司使用社交网站来培养员工的人际关系，比如安永和麦当劳使用 Facebook 等工具。这些网站如同一个动态简历的储藏室，员工可以根据自己的经历来更新自己的信息，这也像是一个虚拟的招聘会，可以使内部工作和内部候选人匹配。凯旋公关公司开发了“一个透明的、流动的内部人才市场”，“回头草”（离开又回来的人们）和留下来的员工一样宝贵。

作为领导者，要向未来员工承诺，公司的社会环境是鼓励合作多于竞争、提倡友谊多于敌对、推动联系多于孤立。

骄傲的父母乐于看到子女的成熟和成功。**人力资本领**

导者要向未来员工承诺，下一代员工会比现在这一代更强。做到以下几点，你才能赢得良好的声誉，成为杰出的未来人才开发者：制订的劳动力计划能够让顶尖人才进入关键岗位；创造公司和雇主品牌；帮助员工规划职业生涯；甄选并培养下一代人才；鼓励发展组织内的社交网络，培养人际关系。对人力资本开发者的一个简单测试就是：当你某一天离开组织时，组织是否比你刚进入时的状态更好？

请访问 www.leadershipcodebook.com，在该网站上，职业阶段研究者保罗·汤普森与《领导力密码》的合著者诺姆·斯莫尔伍德完整地介绍了这个框架，并且提供了实际建议，帮助你应用该框架。你也可以采用优质的职业阶段评估工具，来分析发生在你周围的职业阶段迷你案例。

THE LEADERSHIP CODE

FIVE RULES TO LEAD BY

领导力密码 5

自我修炼，领导好自己才更有可能领导好别人

具备个人素质是领导力的终极法则。作为领导者，你首先要了解自己。如果你的价值观和信念不可靠，你的判断力不可信，自我分析、联系他人的能力不成熟，又不愿意学习成长，那么你就还没做好成为战略家、执行者、人才管理者或人力资本开发者的准备。“你是什么样的人”是你帮助他人成为什么样的人的重要指标。只有对自己有了足够的认识，你才更有能力领导他人。

我们将这个广泛的领导力称为“个人素质”，因为这是关于你自己和你领导他人的资质。个人素质来自对自己的性情和自身优缺点的了解，来自从生活经历中汲取的重要教训，并且体现在我们的关心、洞察力、活力、勇气和人性中。它要求平等衡量自觉性和自律性，在生活和工作的交织中全神贯注地留心觉察；要求有勇气、大胆、敢冒险，又要有谦逊的学习态度，能与他人分享成功。在某些方面，个人素质是最难培训、最难开发的。有些领导者似乎天生就对自己有着敏锐的洞察力，具备个人素质，但是尽管如此，我们仍可以提供一些具体建议，帮助领导者了解自己，提升个人素质。

透过细节看本质

清晰的思维是智力与直觉、理性与情感的结合。一个市场营销主管收到一份海量的顾客数据，该数据从产品、地理位置、顾客规模及其他方面详细说明了顾客态度，并解析出非常微妙的细微差别。主管仔细研究了这份数据，但她的目的不是掌握每个细节，而是从中发现模式，由此界定了三个主题，确定了重点，并迅速制定决策，采取了行动。具有清晰思维的领导者能够透过表面的细节，看到更广泛深刻的意义，从而做出准确的判断。从这个意义上说，思维清晰的领导者就像象棋大师，只看战略，不看步骤。

> 一局象棋已经走了30步，如果让一名普通象棋好手将所有的棋子替换掉，那他即便尽力记住每个棋子的位置，最后也只能替换掉一小部分。但是象棋大师在30步之后，可以看出游戏的格局，他就能根据这个格局替换所有棋子。

当学习打字的时候，我们输入的是字母，而动作迅速的打字员输入的是单词或短语——他们记住的是单词，而不是一个个字母。**不要迷失于细节，要透过细节看本质，学习概念化地构建问题，传达更为宏大的目标**。领导者要掌握这些原则，鼓励他人采取行动，帮助他们践行这些原则。

思维清晰的领导者能迅速明确重点，并采取行动。

◆◆ 案例

《收件箱》(*The In-Box*)是经典的角色扮演游戏。在这个游戏中，一个虚拟的收件箱中塞满无数的事项，主管人员有30分钟的时间进行处理。卓越领导者迅速扫过所有事项，然后将注意力集中到最值得关注的几项，比如政府威胁要在24 小时之内关闭工厂的备忘录。大量主管人员面对无数的事项会迫不及待地行动，兴奋地按秩序处理每个项目，他们根本没有发现埋在收件箱深处的重要事项，更谈不上处理重要事项了。然而，顶级的领导者能够顶住压力，采取行动，保持冷静，专注于最重要的事情。

思维清晰的领导者不会逃避艰难的决策。一位高级领导者开玩笑地感叹：

> 我因为做出很多错误的决策而招人责备，因为我处理的都是棘手的问题。如果一个问题有80% 的可能性能够妥善解决，那么我就不会去处理这样的问题。我处理的问题更多时候都是混乱的、模棱两可的和模糊不清的。

当问题没有明显的解决方案时，你要勇于面对问题，做出困难决策。问问自己和其他人：“必须做出的决策是什么？”这有助于你将注意力集中到必须做的事情上，而不是迷失于细节中。即使对于只有 51% 的可能解决的问题，你也要有 90% 的决断力去行动。

带着勇气和胆识前进，清晰的思维需要果断的行动。当篮球比赛进入关键时刻，最佳球员必然想要球，他们愿意承担最后赌一次的责任。一位优秀的职业球员在手臂上纹了这样一句话："没有勇气，就没有荣誉。"领导者的胆识也是一样。如果要制定决策，就要明确要做出什么样的决策，仔细研究并果断决定。如果错了，就承认错误，并从中学习，但要愿意采取行动。

有勇气、有胆识的领导者才有自信和安全感。虽然他们也会犯错，但他们会从错误中吸取教训。拥有蓝海战略的公司能够占得先机，因为他们定义了新市场；行动果敢的领导者也占得了先机，因为他们是变革的倡导者和推动者，而不是变革的旁观者。

认识自我

◆◆ 案例

我们培训过的一位首席执行官，他成为公司最高层的原因，部分在于他对员工、顾客和他人的低调处世方式。他很聪明，分析能力很强，虽然性格内向，但通过一对一的对话、电子邮件、结构化会议和正式活动等，他有效地领导着公司。

然而，公司的竞争环境突然改变了。随着业绩问题的不断加剧，投资方、当地社区群体和其他利益相关者都在积极呼吁公司要有公共代言人。这位首席执行官对公司有着强烈的感情，希望公司能够生存下去，因此他放弃了自己喜欢待在办公室的个人倾向，转而投入到公众场合中。

要成为公司的代言人，他就必须学会分享自己，分享自己的为人和想法，分享自己对时间的分配。通过这种做法，他传达了自己坚定的信心——公司必胜。在两个月的时间里，这位谦虚低调的

> 人一改往常作风，接受媒体访谈，会见供应商、监管机构、顾客、社区领导和工会的负责人，成为公司的形象代言人。尽管他对公开表达已经驾轻就熟，但他从来没有觉得这样非常舒服。他的职业能力和热情超越了个人倾向，他做了必须做的事情：帮助公司取得成功，并且从中学习成长。

这位领导者了解自己擅长什么，不擅长什么，知道为了最重要的事情，要改变什么。当你坦诚地思考自己是什么样的人，需要成为什么样的人时，你就能创造更大的领导宽度，看到自己的强项和弱项，适应业务条件，做出正确的事情。专栏 5-1 给出了一个练习，它可以帮助你看到自己的强项和弱项。图 5-1 提供了一个“雷达”样本，它可以帮助你快速地了解自己的个人素质概况。

◆◆ 专栏 5-1　个人素质测试

个人素质源自你对自己的投资。以下测试列出了展现个人素质的一些关键技巧和行为。你可以将其作为自我评估，或者让他人评估你的参考，以便更全面地了解自己。

得分范围：1 ～ 10

你在多大程度上……

1. 关注一些关键问题。	1 2 3 4 5 6 7 8 9 10
2. 发现数据中的模式。	1 2 3 4 5 6 7 8 9 10
3. 知道自己喜欢什么，擅长什么。	1 2 3 4 5 6 7 8 9 10
4. 做需要做但并不一定喜欢做的事情。	1 2 3 4 5 6 7 8 9 10
5. 要求反馈，了解别人对你的看法。	1 2 3 4 5 6 7 8 9 10
6. 能够承受压力，保持平静。	1 2 3 4 5 6 7 8 9 10
7. 寻求解决问题的新想法或新方式。	1 2 3 4 5 6 7 8 9 10
8. 从经历中学习，在过去的基础上改善。	1 2 3 4 5 6 7 8 9 10
9. 为他人着想，也为自己着想。	1 2 3 4 5 6 7 8 9 10
10. 照顾好自己的身体（营养、锻炼、睡眠和冥想）。	1 2 3 4 5 6 7 8 9 10
11. 维护好社会关系，拥有值得信赖的同事和朋友的支持。	1 2 3 4 5 6 7 8 9 10
12. 对工作抱有激情。	1 2 3 4 5 6 7 8 9 10

总计：____

得分：

50 ～ 60 分 = 优秀；43 ～ 49 分 = 良好；36 ～ 42 分 = 比较好；

35 分以下 = 较弱——更好地对待自己。

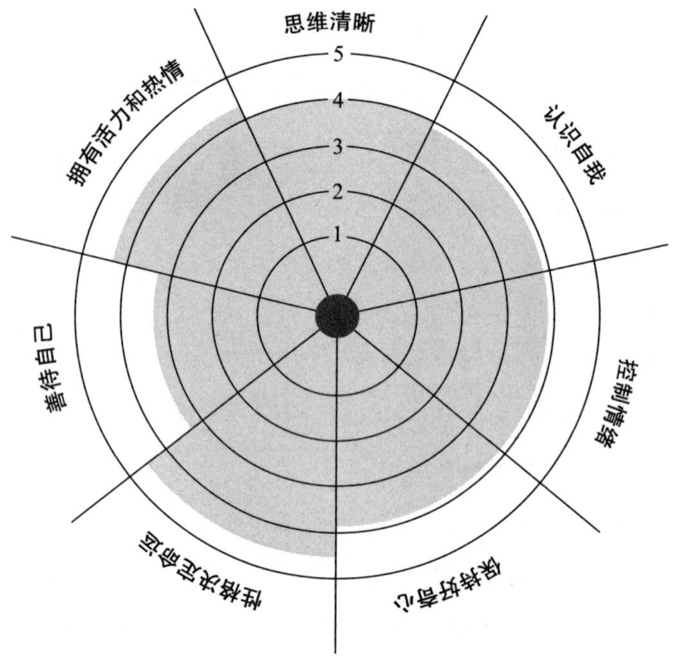

图 5-1　个人素质图（样本）

了解你的性情。我认识的一个人，他在体重有点超重的时候认为只要不照镜子就可以忽略这个问题。但事实证明，他错了。要保持身体健康，必须每天都称一下，接受节食和锻炼这些艰难的挑战。现实中，像他这样的人并不少见。研究表明，人们通常能看到自己的长处，很难看到自己的弱点。

要具备个人素质，首先就要照照“领导力”这面镜子，诚实地看待自己全方位的个人性情：爱好风险或是逃避风险，喜欢与人打交道或是喜欢与数据打交道，喜欢问问题或是喜欢采取行动，有没有耐心等。你越了解自己的性情，就越能承认现实，并努力改变现实。

个人的洞察力应该解放你，而不是束缚你。了解自己的性情并不是要将自己局限在一个小方格中，而是认识自己的长处与短处。比如，善于分析并不意味着你只能与数字打交道；不善于人际交往技巧，也并不意味着你永远不可能打造一个强大的、有凝聚力的团队。性情仅仅是起点。

◆◆ 案例

我认识的一个人强烈倾向于成为内向的人。如果可以的话，他会独自待在办公室工作，欣慰于自己摆脱了社会应酬。但是，现实是他从事的是教师这一行，这份工作要求他在坐满学生的教室里一次要讲上好几个小时的课。尽管他有内向的倾向，但是他已经学会了如何“做”外向型的人。

如何发现自己的性情？这要从检查内心开始。对你来说，什么工作简单，做起来有干劲，又很享受？什么工作很自然？在你的工作清单上，哪些活动是你首先会做的？你喜欢什么样的工作挑战？积极心理学大师马丁·塞利格曼将这些事情称为“显著优势”①，即你喜欢的并擅长的事情。对于这些事情，他的建议是“顺其自然”。当然，当你找到自己的长处时，你也会发现自己的弱项。

① 显著优势（signature strength）是一个积极心理学概念，指的是持久快乐的真谛源自不断实践自己的显著优势，无论在工作中还是在生活中尽可能寻找实践他们的机会，快乐就会时刻伴你左右，永不分离。——译者注

做简单的、有干劲的、愉快的事情是自然而然的，但为了业务能够取得成功，你还要做紧迫的事情。发现并明确了这些事情之后，你可以开始考虑如何改善这些细节问题，比如成为公司形象代言人的这位首席执行官，他能够将自己的分析才能应用到提高自己的公关技巧上。有时，你可以将自己的长处应用到你需要改善的领域。

要想进一步认识自我，就问问最了解你的人：他们对你的才能和行为的真实看法。一个高层领导者的身边很容易就围绕着唯唯诺诺的人，他们试图迎合领导者的想法，而不是给予诚实的反馈。找到真正的同盟者，只有他们会告诉你对你的真实看法，跟你分享关于如何改善的想法和建议。诚实的谈话和 360 度评估模型都可以帮助你了解自己。

你也可以通过审计调查来学习。这些审计调查可以帮助你更详细地定义自己的领导风格，当业务环境需要你展现新的技巧时，这些调查可以为你提供一些很好的、很具体的想法。然而，你要意识到，要超越自己的天生性情需要很大的精力和持续的警惕，特别是在改变刚开始的起步阶段。对自己的领导倾向保持好奇，并且观察自己的性情，这将帮助你了解自己要关注的地方，提升个人素质。

认识自我的最终目的是将显著优势、热情与工作需要联系起来。发挥自己的长处，也帮助他人成长壮大。**确保自己的行动充满热情，这能帮助你建立自信；利用自己的长处帮助他人，则能增强他人对你的信心，让你领导他人。**可以考虑一下与此相关的问题：我是否发挥了自己的长处？是否利用了我的长处来帮助他人成长？

控制情绪

除非你已经达到了罕见的禅定境界，否则你很可能会发现，工作环境中充满着压力。手机、电子邮件和持续的联系使得工作与生活之间的界限消失了，我们长时间工作，努力实现对顾客、对同事、对自己的承诺，而这种承诺不可避免地是以压力的方式出现的。没有什么事情是容易的，尤其是处理企业界中固有的模糊不清和复杂性。

有雄心壮志的人的最大压力源自对失败的恐惧。有勇气、有胆识的领导者敢于冒险，但有时，冒险并不成功。我们发现了一个简单的公式，冒险等于想赢的意志除以对失败的恐惧。如果你能感受到个人的热情、对成功的渴望、对结果的信念，那么你想赢的意志就增加了；如果组织构建职业和薪酬安全网来缓冲错误，就会减少你对失败的恐惧。

成功的领导者能够迅速从挫折中恢复过来。他们这种情感上的恢复力源自两个方面：一方面是乐观主义，这次不行，下次一定行；另一方面是将失败归结为外部原因的倾向。认为失败是由外部环境条件造成的，比如市场因素或供应链的弱点，而不是自身导致的。在发生错误的时候，缺乏恢复力的人会立刻责怪自己，怀疑自己个人的价值，并因此而退却；而有恢复力的人则会愿意摆脱挫折，从中学习，并继续前进。

领导者意味着要管理好自己和他人的情绪和期望，因此，保持冷静非常重要，尤其是在极端困难的情况下。在我们认识的人中都有临危乱了阵脚的人：一旦事情出错，这些人就开始推卸责任、胡乱指责。而卓越领导者能够控制自己的情绪。

保持好奇心

领导者要将组织带往新的方向，就要时刻保持好奇心。不要只看到世界现在的样子，还要看到世界未来的样子，渴望知道更多外部的事情（比如市场和竞争）和内部的事情（组织中正在发生的事情），不断探索如何可以变得更好。

> 我们的同事鲍勃·艾兴格（Bob Eichinger）和迈克尔·隆巴多尔（Michael Lombardo）发现，学得快、学得好的领导者，以及总能够将新的想法应用于当前问题的领导者，不仅能在短期内取得成功，就长期而言也能成功。他们将这种特质称为“学习敏锐度”。成功的领导者非常重视学习，他们也要求其他人重视学习。这种对学习的偏好通常是与生俱来的，但也可以后天习得。

愿意总结过去。分析过去做过的事情：不要仅看成功的事情，也要看没有成功的事情，并找出原因。很多组织会陷入一些既定的做事方式，这限制了学习能力。我们将阻碍学习和创造力的不正常模式称为“病毒”。什么是病毒？迷信权威、狂热偏执、模糊不清的问责制、对数字的盲从等都是病毒。你可以问问下属，哪些病毒在影响你们团队的工作。正如第 2 章已经全面讨论过的。我们发现，一旦这些病毒被识别命名，并暴露出来，它们通常就能被删除，并最终将组织和团队治愈。

你可以用不同的方式回顾过去。照照领导力镜子，看看过去做过的事情，并思考要做什么事情才能超越过去。努力思考如何提高绩效，避免再犯同样的错误。如果失败能带来经验教训，那它就不完全是失败。作为领导者，要寻找反馈，认真反思，保持恢复力。

寻找新的想法。寻找新方法解决旧问题。

> 你可以通过阅读、与他人交谈、拓宽新的信息来源渠道等方法，寻找新的想法和学习机会；

尝试新的做事方式；让视角不同的人围绕在自己身边；以行业内外的最佳实践为标杆，学习他们，并超越他们；坚持通过六西格玛管理理论、精益求精和简单化等举措不断改进；定期测试自己，确保理念在不断地改进，在向重要的顾客、投资者或员工做报告时，确保你不断地提出新的理念。

确保独一无二与创造性。通过提问来寻找替代方案，在数据分析与本能直觉之间寻找平衡。数据能确保决策合乎逻辑，并且与过去的模式保持一致；直觉意味着做你认为正确的事情，即使数据并不支持你的决策。如果你能将数据和直觉都运用到决策制定中，你就不但能识别旧的模式，还能建立新的模式。清晰的思维不但要求你具有智商、情商或者社交商（Social Quotient，SQ），而且要求你具有清晰商（Clarity Quotient，CQ），对方向有信心。

避免极端。在实践中，即使是最积极主动、以活动为导向的领导者也都会避免极端，保持可信度。要避免极端，就要和他人保持联系。毕竟，领导力是团队性的，如果领导者花费太多时间独处的话，将妨碍他人想法的提出和参与积极性。作为领导者，要勇敢行动，不断迈进，也要让你的计划接受他人，特别是那些负责行动执行、了解行动后果的人的审查、测试。

避免极端也意味着分享成功。习惯于聚光灯的成功领导者充满自信，但他们仍要接受并学习他人。尊重他人的贡献，不仅能带来伟大的想法，而且能让他人以工作为骄傲。

最后，做领导者并不意味着永远不用说抱歉。即使是首席执行官、总裁和高级管理人员也有犯错的时候，犯了错，就要承认错误。如果领导者试图掩盖或逃避错误，那么在掩饰错误上花费的精力要多于找到可行方案的精力。另外，承认弱点和错误的领导者会发现，相对于打肿脸充胖子，不完美的人格会让他们显得更加亲切。

◆◆ 案例

查克·普林斯（Chuck Prince）自 2003 年至 2007 年间任美国金融业巨头花旗集团首席执行官，2007 年因次贷丑闻而辞职。普林斯是一位极有天赋的律师，由桑迪·威尔（Sandy Weill）举荐进入花旗，他本身是在公司并购世界中成长起来的。普林斯担任首席执行官时面临的挑战有很多，其中很多是以前取得的成就的对立面：普林斯任职期间，花旗首席执行官的主要任务不再是收购企业，并做大母公司的财报数据，而是巧妙地将花旗遍布全球的诸多业务进行整合。

这个新目标要求创造整合的结构、系统、政治、文化，但是在担任首席执行官的 5 年内，普林斯对这些领域的影响很少。

他之所以失败，在很大程度上是因为他没有学习新的业务方式。为什么会这样呢？因为他继续依靠帮他来到花旗的那一批人，但他身边实际需要的是能够帮他看到新的做事方式、开发新的战略模式的人。结果，他只能按照过去的方式做事。在一个不断变化的世界中，这必然会走向失败。

建立学习周期。可以将以上的四个步骤合并为一个学习周期。

- 选择：拓展选择范围，回顾过去，计划未来，不断尝试，让身边充满新信息和新人。
- 结果：评估结果。诚实地询问哪些有效、哪些无效，以便不断改进。
- 纠正行动：做出新的选择，愿意执行，并付诸行动。

性格决定命运

◆◆ 案例

一位杰出的学者应聘一个当地大学的教授席位。得知他可能加入，该大学的教授和学生都非常兴奋。面试进行得非常顺利，几乎敲定了。但可惜，他在这次旅途的费用报告上做了手脚。就事情本身而言，这只是一个小小的作假，但在性格方面，这却是极大的危险。结果，几乎到手的工作只能拱手让人。

性格、正直、道德和伦理是领导力的基础，体现在大大小小的决策和选择中。你的性格决定了你是什么样的人；你对道德准则的恪守指导着你的日常行动，衡量着你的正直程度。正直的领导者，能够赢得他人的信任。他人对你的信任给了你领导的权力，又带来了忠诚和承诺。我们都知道，承诺是工作效率和成功的基石。

作为领导者，你有责任每天通过《纽约时报》来检测自己：如果公司这次行动登上了《纽约时报》的头版，看起来会有什么问题吗？在趋向于透明的组织中，违反伦理的事情不值得冒险。

> 正直是性格的核心，它表现在很多方面：我是否遵规守法？我是否信守承诺？我是否在工作之外也过着有道德的生活？我是否回避八卦绯闻、撒谎和偷懒？我给公司制定的行为准则，自己是否以身作则？

一个人的正直和性格是显而易见的。如果领导者正直，其他人知道；如果领导者不正直，其他人就会回避他们。

善待自己

领导者通常承受着不可思议的监督和压力，必须想方设法不断提升自己的能力，善待自己，增强应对困境的能力，在面对不可避免的困难时仍然保持精力，从而培养恢复能力。作为领导者，你需要在很多方面善待自己。

- **体能：** 营养、锻炼、睡眠、冥想和健康的生活方式，这些都能够让你保持充沛的活力。身体的疲惫会导致决策失效，追随者缺乏信心。你不需要成为世界级的运动员，但你需要注意自己的身体信号，并及时做出回应。
- **情感：** 做一个乐观主义者，自我感觉良好，有幽默感，感觉自己可以控制需求、减缓压力。每天、每星期或者每个月都花点时间给自己充电，这不仅能增强你的能量，也给关注和模仿你的人传达了积极信号。放松可以有很多种方式。我们教一位领导者定期花时间与家人一起度假。一位领导者与他的儿子一起参加美国职业棒球大联盟的世界大赛（World Series）；一位领导者承诺绝不错过正在读高中的女儿的戏剧表演，即使这意味着早点结束会议，包机按时到家；一位领导者有一个电话号码只有家人才能打进来，而且在任何时候只要电话铃响，他都会接，不管是不是在开会；一位领导者酷爱摄影，他拍的大自然照片都很棒；一位领导者与不在本公司工作的朋友一起参加长途自行车骑行。放松的方式有很多种，重要的是找到适合你自己的方式，这也容易打发空闲时间。

- **社交：**如上所述，领导是一个团队的事情。你要让自己的同盟和朋友围绕在你的身边：由彼此关心的同事搭建一个社交网络，给你提供支持；花时间与同伴建立联系，在困难的时候，他们也能给你支持。领导者通过友好地关心他人，也可以与重要个人建立信任关系，获得他们的支持。我们问一位领导者如何处理她曾遭遇的商业新闻攻击。她回答说，她早晨 7 点半给团队成员打电话，不管在世界的哪个地方，他们都是她真正支持的来源。你需要打消自己退回办公室，埋头于工作的念头；要积极主动地联络你需要的人，认真倾听他们的话语，当然，这是相互的，你还要感激他人对你的支持和帮助。

拥有活力和热情

性情是我们的偏好和自然能力，热情是我们的生命来源和驱动力，来自我们内心最深处的价值观和需求。当我们将自己的能力与热情联系起来的时候，我们就发现了意义所在。当你的工作带来你在乎的结果，当你与喜欢的人一起合作，当你帮助他人成长的时候，意义就产生了。作为领导者，你要帮助他人发现意义，而你最终的热情就在于在他人身上创造的热情。

如何才能做到这一点？你要展现出超常的投入和活力，你身边的人希望看到并且感到你对工作的热爱和关心。

当你做这些的时候，你也是在关心自己，在自己身上投资。你内在的自我影响着你与他人在一起时的自我，**关**

心自己的领导者会审视自己的做事方式，知道何时该进，何时该退。

个人素质是由内而外的。当你能善待自己的时候，你才更有能力关心他人。当一口井拥有了活水源，它才能持续地提供清水给取水的人。要成为卓越领导者，你就要知道如何给自己充电，如何照顾自己，让你自己成为生命之水的源头，成为他人取水的井。

要想知道具有卓越个人素质的领导者的真实故事，请访问我们的网站 www.leadershipcodebook.com，倾听凯特·斯威特曼对这个问题的阐述。你还能获得优质的个人素质自我评估和个人素质 360 度评估工具。

THE LEADERSHIP CODE

FIVE RULES TO LEAD BY

结 论 培养卓越的领导者和领导力

前文介绍了 5 大领导力密码，探讨了如何成为更好的战略家、执行者、人才管理者和人力资本开发者，以及如何提升个人素质。领导力密码就是领导者的行动规则，有助于规范他们的行动，帮助他们获得期望的结果，并不断改进。我们身边有很多关于行动规则的例子：

- 道路规则让你更安全地驾驶；
- 游戏规则让你更好地玩游戏；
- 写作规则，比如语法、拼写和标点符号，让我们更清晰地进行沟通；
- 议事规则，让我们更好地开会；
- 证据规则是司法裁决的基础，指导律师和审判员；

- 拇指规则[①]指导实际行动；
- 行为规则指导如何调停分歧；
- 礼仪规则设定我们在社会环境中的举止。

领导力密码指的是5项领导力核心准则。这些准则综合了大量的领导力研究，指出了是什么造就了卓越的领导者，因此我们将这些准则称为“密码”。然而，为了让这些准则变得有用，我们除了要定义它们，还要应用它们。

那么如何应用这些领导力准则呢？在引言中，我们提出，领导力密码就像4种基本食物的分类框架。为了保持身体健康，这4组食物我们都要吃。如果因为偏食或者某种食物更便宜、更容易买到，就只吃其中一种，这是不健康的。领导力密码就避免了过多强调某一种领导力因素。卓越领导者必须具备所有领导力因素的知识、技巧和视角。

本章将探讨如何结合这些密码中的领导力因素，培养

① 就是“经验法则”，通常是指单凭经验来做事的方法，是较为通用的原则，但并非放之四海而皆准。——译者注

更卓越的领导力，成为更优秀的领导者。为了达到最优的领导力，除了领导力密码之外，我们还需要其他因素，这一点将在本章最后讨论。

建立清晰的领导力理论

◆◆ 案例

在对本书中的想法进行尝试时，我们邀请不同公司的领导者做了各种各样的练习。其中最有价值的一个练习称为“猜猜我的公司”。上课前，我们提前询问了每家公司的领导力胜任能力模型。在公开的主管人员开发课程上，我们收到了来自世界各地不同行业的20家不同公司的胜任能力模型。我们将每个模型代表的公司名称去掉，这样人们就不知道该模型代表的是哪家公司。

在上课前，我们将20个胜任能力模型贴在教室的墙上，没有标明哪个模型属于哪家公司。我们让每个学员完成以下两个任务。

1. 在众多模型中，找到自己所在公司的胜任能力模型。

2. 界定出每个胜任能力模型代表的公司。

结果总是一样的：大多数人都找不到自己所在公司的领导力胜任能力模型，更不用说其他公司的胜任能力模型了。其实，这并非偶然。

从本质上讲，这个练习表明，IBM、印度塔塔集团和诺基亚的领导力胜任能力模型之间的相似点远多于差异点。公司的领导者失望地发现，他们的胜任能力并没有他们想象得那么突出；他们还惊奇地发现，不同公司对领导力有着共同的预期。这里还有一个有意思的发现：练习表明，没有一家公司认为自己拥有一套完备的领导力能力，总是缺少一组关键的特质，而他们之前都认为公司的领导力已经很齐全了。

你的领导力胜任能力模型也可能缺少一个关键因素，这样的风险是存在的，所以我们建议进行一项简单的测试，评估你现在的胜任能力模型，即将模型与领导力密码进行对比。我们发现，这个练习非常具有说服力，因为与领导力密码对比时，公司的胜任能力模型通常都是不平衡的，领导力密码的某个方面可能被过度重视或忽视了。我们通过以下几个例子来看看。

◆◆ 案例

我们发现，有一家全球制造公司将 12 种能力中的 8 种放在领导力密码的执行方面，剩下 4 种中的 3 种都放在个人素质方面。如果你仔细想想，就知道这是一个很容易犯的错误。制造公司领导者的思维方式都以质量和运营为导向。因为他们的业务依赖优秀的执行力，我们对高级主管的采访发现，优秀的领导者在公司做的事情就是执行。然而，制造业中的卓越领导者也需要同时是一个优秀的战略家、人才开发者和人力资本开发者，否则他们会在某一点上遇到盲点。如果你了解胜任力评价通常还被用于指导绩效管理、发展和培养接班人，那你就能意识到这家公司的大部分领导力开发都旨在选择、开发、高薪聘请专业人才，仅局限于领导力的关键领域之一。

卓越领导者可以在一段时间内只专注于一个领域，但是成为高级主管人员后，他们就需要掌握领导力密码的所有方面，否则公司未来将面临危险。就像只摄入 4 种食物中的一种，只集中于一个领导力领域，公司的领导力就只能在短期内保持健康。

我们将一家全球技术公司的能力胜任模型与领导力密码进行对比，结果发现这家公司明显倾向于领导者的个人素质。当然，帮助领导者提升个人素质并没有错，但排除其他 4 个领域的领导力就有问题了。

领导力密码有其内在逻辑，即当一个人成为高级主管的时候，所有领导力领域都要得到开发。如果不全部覆盖领导力密码的 5 种能力，那么任何胜任能力模型和发展规划都是不完整的。

将胜任能力融入发展深度中。如果你已经建立了一个完整的领导力胜任能力模型，囊括了所有的领导力密码因素，那么可以花点时间来品味一下这个成就。现在，问自己一个简单的问题："是否所有的领导者都要以同样的方式展现这些能力？"当然不是。那么，不同层面的领导者在每种能力的展现上有何不同？

> 很明显，对一线主管和高级管理人员来说，作为战略家的预期是不同的。高级管理人员应该了解行业动态和竞争方案，为整个公司、业务或者职能部门设定方向；而一线主管应该了解战略，以及战略对他所在领域的意义，协同团队向公司设定的方向迈进。

在职业生涯的不同阶段，人们的执行力也是不同的。基于这些重要转变，我们与一些组织共同创造了"发展深度"一词，用以描述个人随着领导力管道不断前进时，各种能力的展现有何不同。在"领导力密码 4"关于人力资本开发者的讨论中，我们使用四阶段框架，描述了其内在逻辑。

图 6-1 提供的例子表明，一家电信公司的大规模信息

“邀请关键意见顾客参与战略活动”	学习	掌握	管理或指导	导向或定义
→				
经营外部关系，如与供应商、其他公司、行业协会和大学机构的关系	建立并维持对公司有价值的外部关系网络	监控外部关系，确保公司需求和预期得到满足	将外部关系融入个人网络中，寻求改善公司信息系统实践的想法	与外部人士分享公司的战略 与外部的高层交往过程中代表公司形象 影响外部决策者，使得公司更容易在当地开展业务 与其他公司的全球行业领导者合作，交流政策和实践，制定行业标准

图 6–1 邀请关键意见顾客参与战略活动

系统部门是如何运行的。在这个例子中，我们提供了一个清晰的开发进程，它可以帮助领导者了解如何培养战略家的关键能力：邀请关键意见顾客参与公司战略活动。请注意，即使能力一样，在每个重要的过渡点上，人们的预期、知识、技巧和视角都会发生相当大的转变，从新雇员到个体贡献者，从个体贡献者到主管、经理或技术理念领导者，最后到高级管理人员。

这些发展变迁很重要，它们帮助领导者了解人们对他们的期望，帮助高级管理人员和人力资源专家设计和管理领导力支持实践，比如绩效管理、培训和发展，以及薪酬管理等。

如果你用领导力密码来指导公司的领导力理论，按照组织的不同层级来调整能力，那么你就可以制定一个更强健、更完善的领导力理论。

作为领导者，你还要考虑个人层面的领导力理论。想一想：哪些能力是你擅长的？哪些事情简单、做起来有干劲，并且很享受？然后，将你的个人倾向与现在你所在的岗位要求相匹配，与你未来的岗位要求相匹配，看看你是否具备了足够的能力，是否能够满足当前的任务要求？是否准备好了迎接未来的要求？下一步要做哪些工作？这些工作又有何要求？

公司的领导力理论要设定标准，指导领导者的行为和结果。该理论应该明确：组织内部的领导者应该知道什么、做什么，以便满足外部财务和顾客对公司的期望。

评估领导者的 3 大工具

有了共同的领导力理论，下一步就是评估领导者。通过评估，我们可以制订有针对性的个体计划，使得每个人具备相应的能力，负起自我发展的责任。如果评估不足，模式的建立只是以长处为基础，就会使得良好的初衷被误导。如果没有发展规划，只是投资于自己的兴趣点，就会浪费大量的时间和金钱——我们可以使用领导力密码来替代。

◆◆ 案例

我们最近为一家大型自然资源公司教授领导

力课程，有几个领导者对他们的发展目标毫无头绪。有个领导者甚至认为，自己已经是个非常老练的领导者，参加课程本身就是浪费他的才能。一周之后，在与他的上司的谈话中，我们发现这个人有几个突出的人际关系弱点，这将会威胁到他的职业发展，而这门课程恰恰可以帮助他提高自己在这方面的能力。这种机会的浪费太司空见惯了。

要想获得有效的评估，这里有一些简单高效的工具。

领导力 360 度评估。有两种 360 度评估：调查和访谈，这两种方法都很有效。360 度评估旨在给领导者反馈，帮助他全方位了解自己对领导力密码中每个方面的掌握程度，这些反馈来自他自己、他的上级、同级和下属。如果这位领导者与组织外部的团队也有接触，比如顾客、分析师、供应商和顾问，我们也建议了解他们的看法。

360 度评估的价值一半在于发现其他人对你的能力的评价，另一半在于明确其中的含义，并采取行动加以改进。行动计划应该为领导者的利益相关者创造价值。我们推荐用“以便”这样的行动结果陈述来描述，并让值得信任的人来审查这些陈述。比如，360度评估反馈表明，有个领导者要提高自己的倾听技巧，他也许可以使用以下的一种陈述：

> 我要提高我的倾听技巧，以便我能够将顾客的需求与产品和服务联系起来，把工作做得更好。

或者：

> 我要提高我的倾听技巧，以便我的团队中的成员觉得，我理解他们的担忧。

或者：

> 我要提高我的倾听技巧，以便当我告诉团队成员做事情的时候，我能与同伴建立更紧密的联系。

行为事件访谈法（BEI）[①]。该访谈法旨在通过深入的访谈剖析受访者个人的职业，以便帮助受访者更好地了解已经发生的事件，以及未来职业目标的需要。我们喜欢行为事件访谈法，其原因有很多。最主要的原因是，它能让受访者自我反思自己喜欢的事情和不喜欢的事情。随着领导者职业生涯的不断上升，他们需要具备各种各样的经验，从而指导组织应对各种条件的变化。典型的经验包括扭转团队困境、参与公司的并购、负责小型业务的盈亏、负责更大型业务的盈亏、外国文化经验以及做员工的经验等。行为事件访谈法为建立有目标的发展规划奠定了坚实的基础。

心理测量学评价。在过去的几十年里，很多复杂的心理测试工具被应用于领导者和领导力的开发、评估、评价和选拔，并且取得了显著效果。努力减少猜测、改善决策制定流程、提供实证解释，这些都能提高组织的能力，有

---

① 行为事件访谈法（Behavioral Event Interview，BEI），是指以获取有关被访者的行为事件为主要目的的访谈法。主要过程是请受访者回忆过去半年（或一年）在工作上感到最具有成就感（或挫折感）的关键事例。——译者注

助于建立一个领导团队。心理测量学评价法被广泛应用于政府机构、军事部门、私有公司和学术界。

◆◆ 案例

20 世纪 70 年代，美国林业局要选拔成员进入荒野开展危险的森林灭火行动，但是偏远地区缺乏医疗服务，他们担心没有团队合作精神的个人行为不足以应对偏远地区的挑战。

军事部门很久以前就使用心理学工具来选拔特种部队的成员，它们用这些评价方法培养军官，使得他们在更高的领导岗位取得卓越绩效。

这些评估工具也越来越多地应用于私有公司。最明显的一个例子就是美国国家橄榄球联盟对球员的选秀评估。

我们在美国一家人力资源咨询公司 Human Resource Tactics 的同事使用心理评估工具协助大约一半的美国国家橄榄球联盟俱乐部做出关于选

> 秀球员的决定，这些决策可能影响到每年几百万美元的投入和俱乐部的声誉。最优组合的心理特征随着橄榄球场上的位置而不同。经过多年的仔细分析，这家咨询公司开发了一套有效的测试，衡量针对每个位置的最佳心理特征，这些衡量标准能够很好地预见球员在现场的表现和在场外避免麻烦的能力。有些公司也利用这些心理测量工具进行类似的选拔和评估。

就个人层面而言，领导者要成为“有反馈瘾者”。**经常看看自己在领导力镜子里的真实样子，回顾自己在某个特定情境中的表现：做得好的方面和不尽如人意的方面。**在这个过程中，学会征求反馈，倾听反馈，详细审视，看到其中的模式，并且采取行动，避免多次犯同样的错误。我们培训的一些领导者已经学会了制定战略、确保问责到位、激励他人、分享决策制定，尽管他们个人并不倾向于这么做，但通过这种做法，他们知道了自己需要提高的地方，并付诸行动。

将领导力培养为持续的组织能力

领导者需要具备一定的知识、技巧和视角，以便成为卓越领导者，我们将这些特质称为“领导力胜任能力”。一旦明确了这些胜任能力，我们就可以调整领导力实践，将领导力培养为持续的组织能力。2006 年的一项名为“培养领导者的领导者：为卓越领导者开发奠定基础”的研究中，“学习与发展圆桌”①让参与学习的高级管理人员来评估培养领导力梯队最有力的驱动因素。按优先顺序，最有力的三个因素如下：

- 领导者的直接上级提供的培训；
- 岗位轮换和工作分配；
- 行动学习法。

下面给出了一些对这三种因素的评价，可以帮助我们

① 学习与发展圆桌（the Learning and Development Roundtable）是咨询公司 Corporate Executive Board（CEB）旗下的一个分支。CEB 是一家在美国注册成立的会员制咨询公司，主要提供人力资源、营销、财务和法律相关研究与分析服务。2017 年 CEB 被高德纳咨询公司收购。——编者注

了解如何通过这些领域培养领导者。

领导者的直接上级提供的培训。如果领导者能够与他的上司谈论现在岗位中的高绩效表现是什么模样，他们就能做出更大的贡献。这是个简单而有力的真相，它的重要性怎么强调都不为过。我们发现，只要是旨在促进人们之间的交流，提供了如何才能保持或成为高效之人的方式，那么任何一个方案都会很奏效。管理者通常不喜欢与下属谈论职业发展，原因主要有如下几点：

- 管理者与下属通常没有共同语言来谈论绩效，比如领导力密码；
- 管理者不想与下属谈论未来不确定有没有的具体职业发展机会，即使下属在现在的岗位上表现出色；
- 当下属绩效不达标的时候，有些管理者试图避免冲突，所以他们干脆选择不交流。

而下属通常也有避免与上司交谈绩效的理由，这使得情况变得更加糟糕。

- 下属也缺少思考职业发展的一套语言或框架。
- 下属也许想要离开所在团队，到另一个领域中发展，但担心如果跟领导要求调换岗位，可能会带来不好的结果。
- 和管理者一样，有些下属仅仅就是不喜欢冲突，因此会避免交流。

我们已经了解了领导者的直接上级避免培训的原因，也知道了培训的重要性，接着我们就要想方设法让管理者与员工交流。上面提到的 2006 年 CEB 的一项研究描述了直接上级可以扮演几个角色来承担这份责任。当直接上级能够有效地扮演其中的一个或多个角色时，他们就能对绩效产生显著的影响。

- **绩效顾问：**绩效顾问不是告诉下属如何做事，而是通过提问的方式来指导下属，找到正确答案。绩效顾问倾向于培养下属的长处，而不是揭露下属的短处。
- **关系中介：**关系中介协助下属建立正确的关系，而不是建立更多的关系，它注重的是关系的质量，而不是数量。关系中介也帮助下属熟悉组织中的社交网络，从而扩大自己的影响。

- **经验中介和经验优化：**经验中介为重要的职业经验和职业晋升创造更多的联系，也帮助下属挖掘现在工作中的发展价值。经验优化确保下属花时间思考自己的经历，并从中学习，做到学以致用。
- **职业伯乐：**优秀的高级领导者是显而易见的、积极主动的伯乐，他们发掘下属成为领导者的长期潜力，在下属的发展与晋升的要求之间建立联系。

岗位轮换和工作分配。在房地产行业中，流行着这样一句话：“地段，地段，还是地段。”而在领导力开发中，决定成功与否的最重要的三个因素就是：工作分配，工作分配，还是工作分配。

◆◆ 案例

我们曾经很幸运地与大型人力资源咨询公司翰威特（Hewitt）合作，参与《财富》每两年发布一次的“最具领导力公司”研究。

通过这一公司的研究我们发现，最具领导力的公司与其他公司之间存在一些重要差异。其中一个差异就是最具领导力的公司更可能界定一些具有很大潜力的员工，将他们标记为公司财产。这意味着，这些被锁定的人群不再受到某项业务、某种职能或地理位置的“约束”，他们的职业生涯由公司来管理。这一点非常重要，一旦某个人被认定为高效能人士，部门就不愿意让这个人离开。被列为公司财产的个人属于整个公司，可以根据情况在公司内部流动。这么做的目的就是为了让极具潜力的领导者经历各种各样的发展历程，测试他们，并且给他们提供成为卓越领导者的必备经验。

很明显，最优秀的领导者能够获得广泛而深入的经验，他们从中学习，从而在现在和未来的工作岗位上变得更加有效。岗位轮换的经历使得他们成为卓越的战略家、执行者、人力资本开发者和人才管理者，提升了他们的个人素质。

类似领导力密码这样的框架为培养领导者的人员提供了指导，为在培养中的领导者提供了轮岗的经历，这就可以获得领导力密码各个方面的视角。因此，有巨大潜力的领导者通过360度评估、行为事件访谈法和心理测量学评价等方法获得评估，界定发展需求，制订个体行动计划。这一计划描述了要改进的具体领域，可以让有潜力的领导者在提升领导力的道路上不断前进。他与他的直接上级也都有了进行交流的基础框架。

> 扭转局面的经历可以培养战略性、执行力和人才管理技巧。人力资源方面的工作经历为新进的技术明星（比如工程师或化学家）提供了从事人力资本规划的机会。而到异国做领导工作，必定会拓展领导者的个人素质和人才管理经验。

行动学习法[①]**。**行动学习法是非常有力的开发工具，

---

① 行动学习法培训就是通过行动学习。即在一个专门以学习为目标的环境中，以组织面临的重要问题为载体，通过学习者对实际工作中的问题、任务、项目等的处理，达到开发人力资源和发展组织的目的。——译者注

能够将领导力的口头谈论转化为实际行动。最佳的行动学习产生于业务需求和领导者能力开发需求的交集。

◆◆ 案例

几年前，IBM 开展了一项行动学习方案，涉及识别长期业务问题。它召集世界各地的团队，在为期 8 周、10 周或 12 周的时间内解决一个问题。这是一个非常有影响力的方案，原因有以下几点。

第一，该方案能够解决一个长期业务问题，所以行动学习是有用的，效果是可以衡量的；第二，通过练习具体的业务问题，参与行动学习的领导者获得了有关解决问题、团队合作和其他人事、组织和技术方面的培训；第三，IBM 重视变革中的合作与速度，它将合适的人从世界各地召集到一起解决问题，这促进了合作；在给定的 8 周、10 周或 12 周的时间内处理问题，这又提高了速度。因此，通过这一方案，参与者提升了个人能力，组织也强化了效率和合作能力。

如果应用得当的话，行动学习法就能成为高效发展的有力工具。行动学习法的设计者在准备行动学习项目时，将该项目与目标领导者个人的发展需求匹配起来，可以产生巨大的效益。比如，如果领导者个人的发展规划表明，在项目开始执行前，他需要具备较强的财务能力，我们就可以找到一个项目，让他测试一下自己在这个方面的能力。

就个人层面而言，领导者要在自己身上投资。这种投资可能是幕后学习，比如知道自己在哪方面较弱时，就阅读相关的文章或书籍。有时，个人投资可能是承担困难的工作任务，从而获得学习的机会。作为领导者，你可能需要开发属于你自己的“领导力半衰期”指数。该指数表明，你现在所知和所做的 50% 的内容都已经过时了。在信息经济时代，这种时间框架越来越短了，过去使你成为领导者的特质无法保证你在未来能够继续胜任领导者。

确保组织实践与领导力培养协同一致

为了确保领导力流程长时间有效，我们必须跟进该流程，以确保各项组织实践，特别是人力资源实践与其协调一致。这些实践不但要符合业务战略要求，而且要彼此一致，都是以取得最终成功为目标。

薪酬制度。我们用 360 度评估法来评价一家全球金融服务公司高级管理人员的奖金，其结果让我们很惊讶。

◆◆ 案例

高级管理人员在 360 度评估上的得分与其奖金规模呈反比，得分最低的高级管理人员获得了最高的奖金。这是匹配不当的一个很有力的例子。在领导力理论、领导力评估和投资实践中，领导者都被告知，对他们的判断不是基于成果，而是基于他们给利益相关者创造的价值："不是关于获得成果，而是关于如何获得成果。"然而，在薪酬方面，这些都不重要，薪酬只与产生的成果相关，执行力才是王道，与你是人才管理者、人力资本开发者还是战略家都无关，甚至没有人会关注执行者在其奖金年度中做出的这些贡献。

在上面这个例子中，即使当我们将数据展示给高级管理人员时，也似乎没有人在乎。一年后，因为领导行为不当的问题，监管人员不得不介入，几位高级管理人员丢掉了工作，新任首席执行官开启了一项新的、更为协调一致的流程。

观察一家公司的薪酬制度时，首先要看薪酬标准。检查这些标准，看看它们是否反映顾客的期望？是否抓住了组织战略？如果有人观察你和员工的行为、结果，他们是否能发现你们公司的关键成功因素？薪酬制度是否区分了高效能和低效能员工？当人们达到标准时，是否有奖励？当人们不符合标准时，是否有惩罚？薪酬制度也许不会带来变革，但是通常可以维持组织内的变革成果。

接班人计划。我们建议，看待接班人问题要“从宽”而不是“从严”。很多公司对重要的岗位没有足够大的人才储备库，当需要找人继任的时候，这些公司通常发现自已捉襟见肘。衡量领导力梯队的最简单标准也许是顶级管理人员和关键岗位的“候选人”数量。

> 关键岗位是为数不多的创造财富的岗位，是每一家公司的生命线，这些都是具有很大影响力的工作。一个顶级岗位有太多的候选人是很罕见的情况，因为大多数公司没有足够的时间和精力来创造这样的条件。如果竞争太激烈而工作机会并不多，也会挫伤候选人的积极性。相反的情况更为常见，即在需要时，没有足够的候选人来填补高级管理人员职位和关键岗位。良好的接班人计划可以为公司的重要角色确定合适的接班人数量区间。

要想在合适的时间有候选人准备好接班，我们就需要协调重要的实践，比如招聘、绩效管理、工作分配、培训、薪酬等。接班人计划中涉及的人员可以使用之前描述的职业发展逻辑和评估信息来计划工作分配，培养候选人在领导力密码各个因素领域的经历。继任计划流程要确保候选人具备合适的经历，以便他们的背景中有正确的领导力密码经验，这一点至关重要。

培训和开发。参与课堂培训和开发的人员必须确保领导力开发的内容覆盖所有领导力密码因素。当领导力胜任力模型不完整，或者只选择领导力密码的某些方面时，我们并不奇怪培训和开发课程中存在偏见。开发卓越领导者，要求在领导力密码各个方面的培训，要求在领导力管道的每个阶段都能提供相应的内容。正如我们在其他地方指出的，高级管理人员和一线主管要学习同样的领导力密码因素，但是他们所面临的期望和知识、技巧和视角是截然不同的。

在课堂培训中，对不同层级的领导者讲授共同的框架、理论和模型非常有效。只有这样，不同层级的领导者才能够使用共同的语言和工具来激励人心，让员工更敬业。否则，培训投入不可能带来质变，也不可能看到公司产生真正的变化。

在激励人心的实践中，高级管理者的角色是
支持激励员工的理念，支持与理念一致的实践，对员工敬业度高的领导者给予奖励。在领导力管道前端，技术负责人或主管的角色是衡量团队的投入程度，了解特定员工的特定情况，采取行动改善团队的状况。培训投入应该旨在培养领导力密码各方面的因素，并结合与领导力层级相关的结构化经验和行动学习。

对组织而言，跟进系统是为了确保高层领导更多地关注的是组织中的领导力，而不是领导者个人的才能。有才能的个人也许可以上升到领导者的位置，并且很好地处理领导工作，但是当系统到位时，组织就能不断培养未来的领导者，这样组织和个人都会成功。

作为个体，你应该积极地利用这些组织系统。如果你认为薪酬制度没有反映你所做事情的价值，那就改变它。自主选择那些可以让你得到学习和成长的工作，报名参加培训课程，接受新的想法。你是自己的职业经理，要对自己明智地进行投资。

创建领导力品牌

当第一次描述领导力密码的时候，我们提到，这是关于如何成为卓越领导者的综述。根据我们访问过的领导者，领导力密码可以解释 60% ～ 70% 的领导力困惑。那么，其余的 30% ～ 40% 是什么呢？

◆◆ 案例

我们可以看看维珍航空（Virgin Airlines）首席执行官理查德·布兰森（Richard Branson）和通用电气公司首席执行官杰夫·伊梅尔特（Jeff Immelt）的领导风格。如果对他们进行领导力密码 360 度评估，他们两个人的评估得分都会非常高，他们都是卓越的战略家，都了解如何执行，都知道如何让他人实施自己的想法，都具备很高的个人素质，都是优秀的人才开发者，都关注下一代领导者的培养，都是杰出的人力资本开发者。根据 360 度评估结果，他们两个人都是卓越的领导者，都具备核心能力，但是，他们之间又有很大差异。

从个人风格来看，伊梅尔特留着短发，经常穿西装打领带，而我们很少看到发型蓬松飘逸的布兰森穿西装，更别说打领带了。布兰森活泼爱玩，伊梅尔特保守、更像商人。伊梅尔特在公众场合的发言都很正式，而布兰森倾向于用“丰富多彩”的语言来表达自己的意见。布兰森似乎过于情绪化，而伊梅尔特似乎更冷静。他们的风格的确有些不同。

在《领导力品牌》（*Leadership Brand*）一书中，我们集中关注了领导力的独特之处，提出了一个简单的领导力品牌公式：

领导力密码 × 领导力区分因素 = 领导力品牌

图 6-2 说明了这个公式。

领导力区分因素源自公司的身份认同，或者说公司品牌。公司品牌指的是公司希望目标客户如何描述自己，这样的描述通常是公司的顾客价值主张——公司希望目标客户如何感受价值主张。

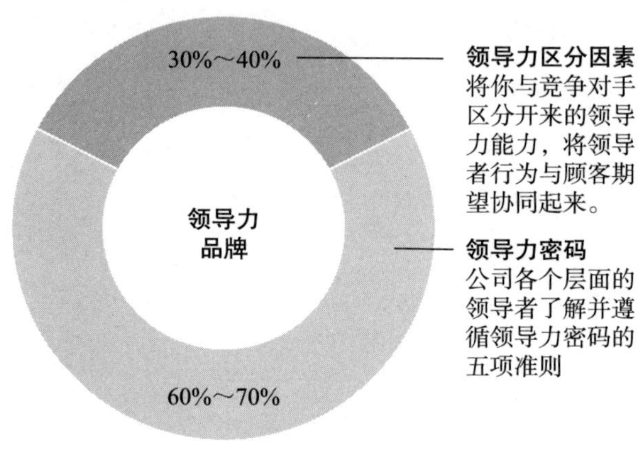

图 6–2　卓越领导力品牌

当公司各个层级的领导者学习如何掌握基本的领导力技巧和公司领导力品牌的独特内涵时，他们将建立可持续的价值。

美国西南航空公司的价值主张是低价。然而，这家公司也希望通过不同于竞争对手的方式让客户感受低价的价值主张，希望顾客感到西南航空公司不仅“按时准点”，而且“充满乐趣”。这三个词——低价、按时、乐趣，就是美国西南航空公司在最佳顾客心中的公司品牌认同。

下一步就是将公司品牌的描述转化为领导力区分因素，即独特的领导力能力，使得顾客无论与公司的哪一个员工接触时，都能感到公司品牌的真实传达。这些领导力区分因素总是由外向内，将顾客的思维方式带入公司内部。

◆◆ 案例

美国西南航空公司的卓越领导者想要确保顾客无论何时乘坐该公司的航班，都会获得愉快的经历。他们通过很多方式实现这一目的，比如选拔合适的空乘人员，奖励想出办法让顾客旅行愉快的员工——不论该员工在哪个岗位，并为这一想法的成功而庆祝。公司各个层级的领导者都奉行公司文化。结果，大多数乘客发现，乘坐这家航空公司的航班是一次独特的体验，即使不坐头等舱或没有得到免费的餐食，也非常愉快。

让我们再来看看伊梅尔特和布兰森。杰夫·伊梅尔特代表了通用电气公司的身份认同，他为通用电气公司的其他领导者树立了榜样，展示了如何对外部利益相关者树立公司形象。通用电气公司的身份认同就是可持续的成长和创新，有很多衡量标准和责任。维珍航空的身份认同是乐趣、不拘礼节、挑战权威，而这正是理查德·布兰森一直在做的事情。他拥有一座私人小岛，享受着常人梦寐以求的高档生活，他诠释了维珍品牌的领导风格。

通用、维珍和美国西南航空可以培养各个层次的领导者，这些领导者拥有自己独特的风格，符合公司身份背景，能够让公司区别于其他公司。这些公司拥有强大的领导力品牌，受到顾客和员工的青睐，也拥有令人羡慕的能力，在金融市场上收获颇丰。专栏 6-1 提供了一个简单的练习，可以用于评估公司领导力品牌的有效性。

◆◆ 专栏 6-1　领导力品牌评估

以下问题可以帮助你评估公司的领导力品牌。领导力品牌建立在领导力密码的基础之上，将领导者的行为与顾客期望联系起来。可访问我们的网站 www.leadershipcodebook.com，进行在线全面评估。

得分范围：1 ～ 10

我们已经清楚表明了进行领导力投资的原因。	1 2 3 4 5 6 7 8 9 10
我们的高级管理人员投入了时间、资源和努力，培养各个层级的领导者。	1 2 3 4 5 6 7 8 9 10
我们创造了独一无二的逻辑，我们的领导者已经广泛理解和接受它。	1 2 3 4 5 6 7 8 9 10
我们有一套明确的流程，将领导力行为与顾客期望联系在一起。	1 2 3 4 5 6 7 8 9 10
我们的组织界定了下一代领导者在职业发展关键阶段中的知识、经验和视角的跨距。	1 2 3 4 5 6 7 8 9 10
各个层级的领导者都有个人发展规划，这让他们专注于培养未来成功所需要具备的能力。	1 2 3 4 5 6 7 8 9 10
我们多样化的领导力开发实践彼此相辅相成，比如工作分配、360度评估、继任计划、绩效管理、薪酬制度和培训等。	1 2 3 4 5 6 7 8 9 10
我们的领导力实践考虑了外部利益相关者的意见，比如顾客、投资者和分析师。	1 2 3 4 5 6 7 8 9 10

我们衡量领导力投资的业务效果，而不仅仅是享受培训项目。	1 2 3 4 5 6 7 8 9 10
外部利益相关者（比如分析师、媒体和大众）的观点会影响我们投资和培养领导者的方式。	1 2 3 4 5 6 7 8 9 10

总计：____

得分：

90 分以上，你应该感到庆幸，可以再买一些公司的股票；

80 ～ 90 分，你们公司已经具备领导力品牌；

60 ～ 79 分，挑出一个或更多领域，改进领导力能力的开发方式；

60 分以下，开始构建领导力的基本要素。你可能将太多精力放在个人发展上，没有将领导力开发作为组织能力来看待。

汤姆·彼得斯（Tom Peters）和利比·萨廷（Libby Sartain）等都曾指出，每个人都是自己的品牌。你需要明确自己想要成为的领导者的类型，并且努力去成为这样的领导者。你需要创造个人的区分因素，使得自己与众不同。**掌握领导力密码，开发区分因素，你就可以建立自己的身份认同**

和个人品牌。

领导力密码并不是相对于领导力区分因素而言的，我们要培养两者兼具的领导者。领导者需要拥有领导力密码，成为卓越领导者，领导者也需要了解公司在联系目标客户上有何独特之处。要将这些都做完，那是一项艰巨的任务，但是公司和领导者需要你开展这样的工作。

请访问我们的网站 www.leadershipcodebook.com，在该网站上，诺姆·斯莫尔伍德为本书做了总结，讨论了领导力品牌。如果你还没有开始行动的话，欢迎观看他的视频，进行全方位的领导力密码评估（自我评估或 360 度评估）。

译者后记

伴随中国经济的快速发展，诸多国内优秀企业的国际化战略步伐进一步加快，在此过程中，一个十分重要的问题受到了越来越多人的关注，那就是如何培养企业领导者的卓越领导力。

从表面上看，领导力似乎与领导者杰出的个人才能、天赋、影响力，甚至是个人形象、精神魅力等紧密相连。事实上，领导力的重要作用远不止于此，杰出的领导力与企业的整体管控能力、运行效率、盈利能力乃至综合竞争力息息相关。进一步来说，领导力将直接影响企业参与国际竞争的综合能力和效果；领导力成了企业发展过程中必须关注的核心要素之一，它深入地推动了企业的发展，培育了企业一流的竞争能力。从这个层面上说，这本《领导力密码》是一本及时之作。

在领导力日益受到重视的今天，与之相关的著作、论文可谓汗牛充栋，领导力自然成了一个仁者见仁、智者见智的命题，甚至成了各类管理学著作、杂志中上镜率最高的“明星”。那么，在“如何培养企业领导者卓越的领导力”这个问题的基础上，又衍生出许多新的、与领导力有关的问题，比如：什么是真正的领导力？领导力实施过程是否有统一的标准？在领导力这个管理学领域内，有没有一些不受企业规模、行业种类、地域等因素限制的普遍原则？

翻译完此书，我长舒一口气，这本书深入浅出、删繁就简，提供了简单、易于理解、可以付诸实践的概念和框架。它本身就是一本通行的、具有普遍原则的领导力密码手册，它循序渐进、有条不紊、步步为营，又脉络清晰、简明扼要、通俗易懂，从这个意义上说，我觉得此书又是一本务实之作。

最后想说的是，翻译一本书就如同孕育一个新的生命，翻译的过程既快乐、又艰辛，既憧憬、又忐忑。经过两个月系统的翻译与梳理，本书终于如期完成。燕园的美丽夜色与阑珊灯火，中关村的拂晓黎明与东方既白，这一切似乎都印在了此书的字里行间。回首翻译过程，高兴之余，更多的是一种如释重负，是一种三春耕种后的金秋收割，是值得纪念的。所以，无论如何，我想说，我要感谢此书，也感谢各位编辑，在他们的鼓励、督促下，翻译工作进行得很顺利。同时，我要感谢我的老师许诤，我的同窗潘旭、石萌、杨白雪、关嫒嫒等人，他们在翻译过程中给了我无私的帮助。最后我想感谢我的未婚夫——北京大学中文系硕士王兴菜。他现在就职于一家大型国有企业，对译作进行了精心校对，这对本书翻译的及时完成起到了十分重要的作用。在此书出版之际，我们即将步入婚姻殿堂，愿把此书献给我们共同走过的过去，以及我们的美好未来！

未来，属于终身学习者

我这辈子遇到的聪明人（来自各行各业的聪明人）没有不每天阅读的——没有，一个都没有。巴菲特读书之多，我读书之多，可能会让你感到吃惊。孩子们都笑话我。他们觉得我是一本长了两条腿的书。

——查理·芒格

互联网改变了信息连接的方式；指数型技术在迅速颠覆着现有的商业世界；人工智能已经开始抢占人类的工作岗位……

未来，到底需要什么样的人才？

改变命运唯一的策略是你要变成终身学习者。未来世界将不再需要单一的技能型人才，而是需要具备完善的知识结构、极强逻辑思考力和高感知力的复合型人才。优秀的人往往通过阅读建立足够强大的抽象思维能力，获得异于众人的思考和整合能力。未来，将属于终身学习者！而阅读必定和终身学习形影不离。

很多人读书，追求的是干货，寻求的是立刻行之有效的解决方案。其实这是一种留在舒适区的阅读方法。在这个充满不确定性的年代，答案不会简单地出现在书里，因为生活根本就没有标准确切的答案，你也不能期望过去的经验能解决未来的问题。

而真正的阅读，应该在书中与智者同行思考，借他们的视角看到世界的多元性，提出比答案更重要的好问题，在不确定的时代中领先起跑。

湛庐阅读 App：与最聪明的人共同进化

有人常常把成本支出的焦点放在书价上，把读完一本书当作阅读的终结。其实不然。

时间是读者付出的最大阅读成本

怎么读是读者面临的最大阅读障碍

“读书破万卷”不仅仅在“万”，更重要的是在“破”！

现在，我们构建了全新的“湛庐阅读”App。它将成为你“破万卷”的新居所。在这里：

- 不用考虑读什么，你可以便捷找到纸书、电子书、有声书和各种声音产品；
- 你可以学会怎么读，你将发现集泛读、通读、精读于一体的阅读解决方案；
- 你会与作者、译者、专家、推荐人和阅读教练相遇，他们是优质思想的发源地；
- 你会与优秀的读者和终身学习者为伍，他们对阅读和学习有着持久的热情和源源不绝的内驱力。

下载湛庐阅读 App，
坚持亲自阅读，
有声书、电子书、阅读服务，
一站获得。

CHEERS

本书阅读资料包

给你便捷、高效、全面的阅读体验

本书参考资料

湛庐独家策划

- ☑ 参考文献
  为了环保、节约纸张，部分图书的参考文献以电子版方式提供
- ☑ 主题书单
  编辑精心推荐的延伸阅读书单，助你开启主题式阅读
- ☑ 图片资料
  提供部分图片的高清彩色原版大图，方便保存和分享

相关阅读服务

终身学习者必备

- ☑ 电子书
  便捷、高效，方便检索，易于携带，随时更新
- ☑ 有声书
  保护视力，随时随地，有温度、有情感地听本书
- ☑ 精读班
  2~4周，最懂这本书的人带你读完、读懂、读透这本好书
- ☑ 课　程
  课程权威专家给你开书单，带你快速浏览一个领域的知识概貌
- ☑ 讲　书
  30分钟，大咖给你讲本书，让你挑书不费劲

湛庐编辑为你独家呈现
助你更好获得书里和书外的思想和智慧，请扫码查收！

（阅读资料包的内容因书而异，最终以湛庐阅读App页面为准）

图书在版编目（CIP）数据

领导力密码 / （美）戴维·尤里奇 (Dave Ulrich)，（美）诺姆·斯莫尔伍德 (Norm Smallwood)，（美）凯特·斯威特曼 (Kate Sweetman) 著；陶娟译. -- 杭州：浙江教育出版社，2022.10

ISBN 978-7-5722-4408-7

Ⅰ. ①领… Ⅱ. ①戴… ②诺… ③凯… ④陶… Ⅲ. ①领导学 Ⅳ. ① C933

中国版本图书馆 CIP 数据核字（2022）第 171665 号

浙江省版权局
著作权合同登记号
图字：11-2019-250号

上架指导：管理 / 领导力

本书法律顾问　北京市盈科律师事务所　崔爽律师

领导力密码

LINGDAOLI MIMA

戴维·尤里奇（Dave Ulrich）
［美］诺姆·斯莫尔伍德（Norm Smallwood）著
凯特·斯威特曼（Kate Sweetman）

陶　娟　译

责任编辑： 李　剑
文字编辑： 唐延松
责任校对： 傅　越
责任印务： 陈　沁
封面设计： ablackcover.com
出版发行： 浙江教育出版社（杭州市天目山路 40 号　电话：0571-85170300-80928）
印　　刷： 唐山富达印务有限公司
开　　本： 880mm×1230mm　1/32
印　　张： 8　　**字　　数：** 126 千字
版　　次： 2022 年 10 月第 1 版　　**印　　次：** 2022 年 10 月第 1 次印刷
书　　号： ISBN 978-7-5722-4408-7　　**定　　价：** 69.90 元

如发现印装质量问题，影响阅读，请致电 010-56676359 联系调换。